Dios usa a personas que no son perfectas

Silvia Bolet de Fernández

Maria Izza Machado Santos
February 2003

Editorial Unilit

Publicado por
Editorial **Unilit**
Miami, Fl. 33172

Primera edición 1996

Cubierta diseñada por: Paz Design Group

Producto 493037
ISBN 0-7899-0140-4
Impreso en Colombia
Printed in Colombia

Contenido

INTRODUCCIÓN

¡Qué maravilloso sería si todas las personas fuesen perfectas! ¡Qué aburrido sería si todas las personas fuesen iguales! ¡Qué trágico es que no hay nadie perfecto!

¡Qué maravilloso es saber que Dios es perfecto! Sin embargo, lo mejor de todo es que Dios sabe que ninguno de nosotros somos perfectos.

Entonces, ¿por qué tantas personas critican a las demás, o se censuran ellas mismas, sin dejar espacio para corrección y arrepentimiento?

Encontramos en muchos círculos cristianos mitos y falacias sobre las personas y ministerios que Dios usa. Por supuesto que no hay nada de esto escrito, ni se predica desde un púlpito, sonaría muy ridículo o duro, pero es algo así como una "creencia heredada", la cual se comunica sutilmente en comentarios cortos, reacciones y miradas.

Veamos a continuación algunas de estas "creencias"

Dios usa a una persona llena de virtudes, de hermosa presencia, de gran educación, que le cae bien a todo el que le rodea; en otras palabras, una persona casi perfecta. También tenemos la tendencia a pensar que cuando todo va bien con una iglesia o ministerio, y los números de personas y de ofrendas son altos, y no hay problemas, es cuando Dios se encuentra presente y actuando en la vida del creyente. O cuando todo nos salía bien, y no teníamos ningún contratiempo, pensamos que en esos momentos estábamos bajo la "perfecta voluntad de Dios". Si usted es una de esas personas que en algún momento ha pensado de esta forma, prepárese para recibir una gran sorpresa. Juntos analizaremos diferentes personajes (no perfectos) y sin embargo ellos recibieron la visita de Dios o Dios los usó con gran poder. La realidad es que Dios usa a personas que no son perfectas.

Al estudiar en las Escrituras las veces que Dios ha intervenido en la historia del hombre para manifestarse —ya sea a un solo hombre o a su pueblo—, encontramos que las personas que Dios escogió en casi cada ocasión, no se amoldan a lo que nosotros comúnmente consideraríamos la persona "ideal" para ser usada por Dios. Ellos ni siquiera llenarían los requisitos de lo que consideraríamos medianamente aceptable.

Comenzando desde las primeras páginas de la Biblia, en el libro de Génesis, Dios creó al primer hombre del polvo de la tierra. No lo creó de un mineral precioso como el oro o de una roca apreciada como el mármol, tampoco de las piedras preciosas que tanto admiramos como el diamante o el zafiro; sino más bien le creó de algo tan común y despreciable como lo es el polvo de la tierra. Pero ese polvo después que tuvo contacto con las manos de Dios, se convirtió en el único hombre perfecto que haya existido, con la excepción de Jesús:

> *Entonces Jehová Dios formó al hombre del polvo de la tierra, y sopló en su nariz aliento de vida, y fue el hombre un ser viviente.*
>
> Génesis 2:7

La mujer fue sacada del hombre, (Génesis 2:21-22) y formada con esmero por Dios. ¡Con razón Dios tuvo que esmerarse! tenía que complacer el gusto más exigente, el de Adán, un hombre casi perfecto. Y digo casi perfecto porque necesitaba de la mujer para lograr ese estado de perfección que en esa ocasión buscaba Dios por medio del matrimonio. Cuando Adán vio a la mujer se quedó deslumbrado y por algún tiempo fueron muy felices, hasta que apareció la serpiente ya seducida por el diablo, y todos sabemos el final de la historia.

Lo próximo que vemos es Dios buscando continuar su relación con el hombre, (que no era ya perfecto) más sin embargo Dios le buscó, le habló y continuó bajo otras condiciones, otro pacto, su relación con él.

Desde este momento en adelante, no ha habido ningún hombre nacido de mujer (con excepción de Jesucristo) que haya sido perfecto. Los ha habido unos mejores que otros, uno más altos o más bajos, unos más feos o más bonitos, pero ninguno perfecto. Una cosa siguió igual: Dios siguió interviniendo en la vida de los hombres y mostrándose como el único Dios verdadero a una raza llena de faltas. Nunca podremos comprender el amor de Dios para con los hombres, pero de algo debemos estar seguros: ese amor es real, lleno de vigor, activo y buscando al justo para bendecirlo. En un diccionario lei que la justicia desde el punto de vista teológico es practicada por el hombre, al no apartarse del camino de su Dios.

> *Porque los ojos de Jehová contemplan toda la tierra, para mostrar su poder a favor de los que tienen corazón perfecto para con él.*
>
> 2 Crónicas 16:9a

También la Biblia nos enseña que nosotros que vivimos bajo el Nuevo Testamento, somos aun después de cristianos, personas imperfectas, pecadores, pero alcanzamos la justicia por medio de la fe en Jesucristo:

> *Pero ahora, aparte de la ley, se ha manifestado la justicia de Dios, testificada por la ley y los profetas; la justicia de Dios por*

> *medio de la fe en Jesucristo, para todos los que creen en él. Porque no hay diferencia, por cuanto todos pecaron, y están destituidos de la gloria de Dios, siendo justificados gratuitamente por su gracia, mediante la redención que es en Cristo Jesús, a quien Dios puso como propiciación por medio de la fe en su sangre, para manifestar su justicia, a causa de haber pasado por alto, en su paciencia, los pecados pasados, con la mira de manifestar en este tiempo su justicia, a fin de que él sea el justo, y el que justifica al que es de la fe de Jesús.*
>
> Romanos 3:21-26

No solamente la justicia del corazón se alcanza en el Nuevo Testamento, sino que también mucho antes de la ley, hubo un hombre llamado Abraham que alcanzó justicia, por atreverse a creer a Dios. "Porque, qué dice la Escritura? Creyó Abraham a Dios, y le fue contado por justicia" (Romanos 4:3).

Si continuamos buscando cuidadosamente descubriremos que aun bajo la ley, encontramos a Dios obrando en Su misericordia y atribuyendo justicia a los hombres sin tomar en cuenta, en ocasiones, la paga de sus pecados cometidos.

> *Como también David habla de la bienaventuranza del hombre a quien Dios atribuye justicia sin obras, diciendo: Bienaventurados aquellos cuyas iniquidades son perdonadas, y cuyos pecados son cubiertos. Bienaventurado el varón a quien el Señor no inculpa de pecado.*
>
> Romanos 4:6-8

David, se refería en este pasaje a sí mismo, pero esto lo discutiremos en el capítulo 3.

Si usted es una de esas personas que nunca está conforme con su caminar con Dios y piensa que nunca hace lo suficiente, que comete muchos errores, y a esto le atribuye que Dios no le use "con poder", entonces usted tiene que leer este libro. Yo le pido a nuestro buen Dios, padre de Nuestro Señor Jesús, que al final de su lectura, usted tenga otra apreciación de Dios y de sí mismo. Le pido a Dios que le dé una buena dosis de fe y de valor para activar los dones de Dios en su vida, y poner por obras esos sueños que el Espíritu Santo le ha estado poniendo en su corazón y mente; esos sueños que acaricia, durante sus tiempos de meditación y adoración con Dios.

CAPÍTULO UNO

UN HIJO DIFÍCIL

Con seguridad muchos de nosotros conocemos algún hogar donde a los hijos de esa familia se les puede catalogar como "difíciles". Parece que todo lo relacionado con esos jóvenes resulta en un problema o disgusto y el muchacho o muchacha sólo usa su cabeza, para sostener el cabello que se peina o se niega a peinar.

De igual manera, en la Biblia también encontramos familias así. Familias que sus valores son buenos, de buen nombre y costumbres, pero en las que sin embargo alguno de los hijos parece no haber salido a nadie conocido. En la Biblia, una de estas familias lo fue la de Isaac.

Isaac, era hijo del patriarca Abrahán, un hombre que habló con Dios en varias ocasiones, y al que Dios le concedió, entre otras cosas, gran fortuna y victoria en batallas. Abraham fue un hombre de buena reputación durante su vida, y aún después de su muerte. Isaac, su hijo, se casó con una mujer llamada Rebeca y de ese matrimonio nacieron hijos gemelos. El primero en nacer fue rubio y velludo, a éste le pusieron por nombre Esaú; el segundo, salió del vientre de su madre, con su mano trabada al calcañal de Esaú, y le pusieron por nombre Jacob, que significa suplantador o tramposo.

Dos hermanos gemelos, nacidos el mismo día, hijo del mismo padre y madre, criados en el mismo hogar, pero completamente diferentes entre sí. La Biblia nos dice:

> *Y crecieron los niños, y Esaú fue diestro en la caza, hombre del campo; pero Jacob era varón quieto, que habitaba en tiendas. Y amó Isaac a Esaú, porque comía de su caza; mas Rebeca amaba a Jacob.*
>
> Génesis 25:27-28

Estos jóvenes eran notablemente distintos, y sus padres se dieron cuenta. Al principio posiblemente habrían discusiones entre ellos en cuanto a los hijos. Pero al pasar el tiempo, el padre tuvo preferencia por uno y la madre por el otro. Hoy día cuando vemos esto en una familia, decimos que tienen una de las características que componen a una "familia disfuncional". ¿Cuántos de nosotros conocemos familias así? Sin embargo, Dios amaba esta familia tan imperfecta.

Encontramos a Esaú un joven muy activo e inquieto y a Jacob un muchacho que no sale de su casa, siempre junto a su mamá, pero tramposo, buscando cómo obtener ventajas con el mínimo de esfuerzo. Vemos a Jacob en todo su apogeo, cuando maquina conseguir la primogenitura que le pertenecía a su hermano, y leemos en la Biblia la historia de lo sucedido:

> *Y guisó Jacob un potaje; y volviendo Esaú del campo, cansado, dijo a Jacob: Te ruego que me des a comer de ese guiso rojo, pues estoy muy cansado. Por tanto fue llamado su nombre Edom (que significa rojo). Y Jacob respondió; Véndeme en este día tu primogenitura. Entonces dijo Esaú: He aquí yo me voy a morir; ¿para qué, pues, me servirá la primogenitura? Y dijo Jacob: Júramelo en este día. Y él le juró, y vendió a Jacob su primogenitura. Entonces Jacob dio a Esaú pan y del guisado de las lentejas; y él comió y bebió, y se levantó y se fue. Así menospreció Esaú la primogenitura.*
>
> Génesis 25:29-34

Estos versos arrojan luz sobre el carácter de estos jóvenes hermanos. Esaú, era un joven despreocupado, envuelto en su mundo, y confiado de sí mismo. No miraba con mucho respeto a su hermano Jacob, ni le tomaba en cuenta. Podemos notar que cuando Jacob le propone intercambiar su primogenitura por un plato de lentejas, Esaú no lo toma en serio. Su razonamiento es completamente sin fundamento, irresponsable, y se convence a sí mismo de que si no come en ese preciso momento, se morirá de hambre, por lo tanto "vende" su primogenitura, según él, para seguir viviendo. Esaú no considera el seguir caminando hasta las siervas de su padre encargadas de la cocina y pedir algo de comer. Él caprichosamente deseaba de ese guiso a toda costa, y su capricho ciega su razonamiento. Esaú es un modelo del hombre carnal. Sus sentidos le dominaban al punto de menospreciar el juramento de venta dado a su hermano, pensando que se lo da a un joven enclenque por el cual no siente gran respeto ni admiración. Así, da Esaú su juramento, su palabra, sin pensar dos veces lo que está haciendo ni darle valor a su primogenitura y su herencia.

Hoy día también encontramos jóvenes que no le dan valor a la "palabra dada" ni a un compromiso hecho. Les dicen a los padres que llegarán a casa a una hora específica, y llegan a otra. Les prometen buscar trabajo, y pasan el día visitando amigos. ¿Cuántos jóvenes hay hoy día que malgastan la herencia de sus padres, por no darle valor a la misma? Jacob se aprovechó de la situación y legalmente desde ese momento, recibió el derecho a la primogenitura y la herencia de su padre Isaac, aun sin éste saberlo.

Después de este incidente Jacob, con la ayuda de Rebeca su madre, engañó a Isaac su padre y éste pronunció la bendición del primogénito y su herencia sobre Jacob. Cuando Jacob fue descubierto por Esaú, Rebeca a través de quejas y astucia logra el permiso de Isaac para que mande a Jacob a casa del padre de Rebeca y busque mujer para casarse entre su parentela. En realidad Rebeca le mintió a su esposo queriendo proteger a Jacob, su hijo preferido, porque ella supo que Esaú se consolaba con la idea de que el día que su padre muriese, él mataría a Jacob, y ella tenía que evitarlo a toda costa.

Así que encontramos a un joven soltero, tramposo, dueño de una primogenitura conseguida con astucia y engaño, llevando consigo la bendición de Isaac su padre. Jacob sale huyendo, temeroso, confundido, lejos de su mamá que hasta ese momento lo había amparado en todo sus caprichos pero que ya no estaba allí para ayudarle. Este joven, que estaba muy lejos de ser perfecto, ni siquiera pudo ser un buen hijo o un buen hermano. ¿Podría este joven ser usado por Dios?

Detenidos en un lugar incómodo

Todos nosotros hemos tenido algún momento en nuestras vidas, donde nos parece que ya no podemos continuar hacia adelante. Nos parece que se nos acaban las fuerzas, que estamos tan solos que ni siquiera Dios se percata de nuestra presencia. Todos nos hemos encontrado en situaciones tan incómodas que no podemos menos que preguntarnos de dónde saldrá el próximo latido de nuestro corazón, ya que nos parece, que no nos quedan fuerzas en nuestro cuerpo para continuar.

Jacob en estos momentos de su vida estaba en esa situación. ¿De qué le valía haber usurpado la primogenitura y herencia de su padre, por medio del juramento adquirido a través de la astucia si en estos momentos se encontraba lejos de su familia y de todo aquello que era querido y familiar para él? Jacob se sentía completamente solo en medio de un desierto, camino hacia la casa de su abuelo Labán, al que nunca había visto y sin saber lo que la vida le deparaba.

> *Salió, pues, Jacob de Beerseba, y fue a Harán. Y llegó a un cierto lugar, y durmió allí, porque ya el sol se había*

puesto; y tomó de las piedras de aquel paraje y puso a su cabecera, y se acostó en aquel lugar.

Génesis 28:10-11

Hay personas como Jacob, que se encuentran en momentos de dolor, donde tal parece que se está poniendo el sol, y que sus días están llenos de tinieblas. Se sienten en lugares áridos e incómodos como le sucedió a Jacob esa noche. Admiro a Jacob, que recogió unas cuantas piedras y las puso por almohada para su cabeza y se acostó a dormir. Yo jamás hubiese escogido piedras por almohada. Ramas quizás, hojas, o al menos una montañita de arena, pero nunca piedras. Algunas personas sienten que su cabeza descansa sobre piedras, por causa de las preocupaciones, y tormentos. Muchos en algún momento de sus vidas, han sentido tal presión por las circunstancias a su alrededor, y piensan que Dios se ha olvidado de ellos, y les ha abandonado en un lugar desierto, aislado y lleno de rocas como albergue para descansar. ¿Podremos llamar a esto descanso? ¿Podremos decir que Dios les ha llevado hasta este sitio? Supongo que Jacob, esa noche, pudo hacerse estas mismas preguntas. Jacob tenía aproximadamente 15 años cuando su abuelo Abraham murió. Jacob tuvo oportunidad de escuchar de labios de Abraham, las historias maravillosas y las experiencias que con entusiasmo le contara sobre un Dios poderoso llamado Jehová. Un Dios que era celoso, pero muy protector y lleno de amor. También su padre Isaac, añadía las experiencias que él también había tenido con Jehová, comenzando desde aquel día que tan cerca se vio de la muerte, cuando sin ningún aviso, su padre se dispuso a sacrificarlo sobre un altar. Isaac, quizás contaba esta historia con algo de drama, pero al final con una sonrisa, sorprendía a los que la escuchaban por primera vez cuando felizmente añadía que Dios mandó un ángel a su rescate. Seguramente había escuchado una y otra vez que las promesas de Dios eran para Abrahán, Isaac y su descendencia, y sin duda también había escuchado muchas veces de boca de su madre la profecía hecha sobre él y su hermano al nacer, (Génesis 25:22-23). La profecía se resumía en que aunque Esaú fuese el primogénito, Jacob heredaría la bendición. Jacob podía pensar, ¿cómo sería posible que estuviese en esta situación si en su vida se había cumplido la profecía dada por Dios al nacer? Es cierto que Jacob forzó con trampa y astucia a que se cumpliese, pero de otra forma, ¿cuándo Dios lo hubiese hecho...? ¿Podría acaso Dios librarlo de la ira de Esaú? Si esto era así, entonces, ¿cómo y por qué estaría en un lugar tan difícil e incómodo? Si Jacob estaba en la perfecta voluntad de Dios, ¿por qué se sentía tan mal? Podemos pensar sin estar muy lejos de lo cierto, que Jacob entretuvo sus pensamientos esa noche con preguntas como estas, hasta que se durmió.

> *Y soñó: y he aquí una escalera que estaba apoyada en tierra, y su extremo tocaba en el cielo; y he aquí ángeles de Dios que subían y descendían por ella.*
>
> Génesis 28:12

En ocasiones Dios, para podernos hablar, para poder capturar nuestra atención necesita alejarnos de todo y todos los que son objeto de nuestro afecto. Jacob se encontró solo, incómodo, huyendo por su vida, hacia tierra desconocida y hacia una parentela que nunca había visto. Ya cansado, en medio de la noche, en sueños, Dios se le revela.

Jacob esa noche tuvo algo más que un sueño donde Dios le habló. Dios mismo se le reveló como un Dios personal que deseaba usarlo con un propósito específico, para que la bendición y promesas dada a Abrahán tuviese descendencia. Dios deseaba usarlo a pesar de su imperfección. Dios le ofrecía una oportunidad. Le llamaba a que hiciese pacto con Él, a que le adorase como Dios a cambio de Dios jurar Su bendición y compañía durante todos los días de la vida de Jacob. Esa noche Jacob tuvo la revelación de Jesús. De la simiente de Jacob, vendría el Mesías prometido. En el sueño

Jacob vio una escalera, y la palabra "escalera" traducida en este verso, significa literalmente "camino más alto" o como lo conocemos en inglés, "express way" o "Highway". El Nuevo Testamento nos dice en Juan 14:6 que Jesús enseñó, que Él era el único "camino", la verdad y la vida, y nadie podía llegar al Padre (cielo) desde la tierra, si no iba a través de Él. También en otra ocasión leemos en Juan 1:43-51, donde Felipe, al principio de estar siguiendo a Jesús, busca a un amigo llamado Natanael, y se lo presenta a Jesús. Después de un saludo poco usual, Jesús le profetiza a Natanael, usando el sueño de Jacob, (verso 51) *"De cierto, de cierto os digo: De aquí adelante veréis el cielo abierto, y a los ángeles de Dios que suben y descienden sobre el Hijo del Hombre"*. Jesús le mostró que había un solo camino entre Dios y los hombres, Jesús mismo. Y este camino daba acceso a los ángeles para poder ministrar libremente a los hombres, y Natanael sería testigo de estas cosas. Jacob lo vio en sueños, siglos antes, y supo que estaba en un lugar santo.

> *Y he aquí, Jehová estaba en lo alto de ella, el cual dijo: Yo soy Jehová, el Dios de Abraham tu padre, y el Dios de Isaac; la tierra en que estás acostado te la daré a ti y a tu descendencia.*
>
> Génesis 28:13

Después de Dios revelarse a sí mismo como el Dios que ama y busca de la comunión de los hombres, y desea enviar bendiciones a través de sus ángeles; Dios le habla directamente a Jacob. Dios le confirma la promesa hecha a su abuelo Abraham y a su padre Isaac, de bendecirlos a ellos y a su descendencia. Esa noche, cuando Jacob menos lo esperaba, Dios le buscó e hizo pacto con él. Como siempre, la primera promesa hecha por Dios después de ratificar su pacto, es "abundancia". Dios le promete a Jacob abundancia, *"la tierra en que estás acostado te la daré,"* para que puedas llevar a cabo aquello para lo que yo te he llamado. Te la daré para que tú sepas que puedes conquistar la circunstancia por donde estás pasando en estos momentos, y no que la circunstancia te domine a ti. Te la daré, porque lo que ahora te parece un callejón sin salida, se convertirá en camino por donde regresarás en victoria, con abundancia y gozo.

En ocasiones nosotros también, luego de vivir los momentos más obscuros y solitarios, nos encontramos como Jacob se encontró en esos momentos. Nos sorprende el hecho de que en el lugar donde menos esperamos hallar a Dios, Él nos sale al encuentro, y nos habla. Allí, ratifica nuestro llamado, y "promete sustentar nuestro destino". *"Jehová es la porción de mi herencia y de mi copa; Tú sustentas mi suerte"* (Salmo 16:5). Allí, en medio del dolor y la desolación, contra toda circunstancia, nos confirma que Él obrará en nuestras vidas lo que sea necesario para que Su voluntad sea llevada a cabo, y nuestra misión sea cumplida. Lo único que pide a cambio es que seamos fieles a su pacto. ¡Dios se encarga del resto! Dios lo hizo con Abraham, con Isaac, con Jacob, con muchos después de ellos y lo sigue haciendo hoy día con usted y conmigo, si tan sólo respondemos afirmativamente a Su "llamado". *"Porque muchos son llamados, y pocos escogidos"* (Mateo 22:14) o como lee el original, "porque muchos son los llamados, y pocos los que escogen decirle que sí al llamado".

Los cristianos, no tenemos que esperar a ser perfectos, ni que las circunstancias que nos rodean sean propicias para escuchar a Dios, atender a Su petición y obedecerle, para entonces permitirle ser el "dueño" y "Señor" de nuestras vidas. No debemos esperar a que esté todo perfecto, provisto y aprobado por nosotros mismos, para entonces decirle que ¡sí a Dios! Si lo hacemos así le estamos demostrando que nosotros sólo confiamos en nuestra fuerza y no en Él. Sólo necesitamos creer que Él es capaz de usarnos porque Él desea hacerlo, y nosotros por amor a Él le obedeceremos.

> *Será tu descendencia como el polvo de la tierra, y te extenderás al occidente, al oriente al norte y al sur; y todas las familias de la tierra serán benditas en ti y en tu simiente.*
>
> Génesis 28:14

¿Será posible que Dios no se diera cuenta que Jacob estaba solo en este lugar? Jacob no estaba casado, ni siquiera tenía novia. ¿Cómo entonces le pedía que su descendencia tuviera "influencia" hacia el norte, sur, este y oeste de ese lugar? La influencia que pedía Dios, es que fuesen testigos de Él. Que mostraran a los pueblos alrededor suyo, lo que Jehová Dios puede hacer con una familia que le sirve, aunque ésta no sea perfecta. Le pedía que no comprometiese su fe en ningún momento ni bajo ninguna circunstancia. Porque la fe puede existir en el hombre imperfecto. Dios le pedía que todos en su casa, una vez que tuviese su familia, le sirviesen y le honrasen como Dios. A cambio de estas peticiones, Dios bendeciría al que les bendijese y maldeciría al que les maldijese. Parecía algo fácil de prometer, cuando todo resultaba tan imposible y lejano. ¿Prometería Jacob para luego no cumplir? ¿Cometería Jacob el mismo error de prometer a la ligera al igual que prometió Esaú y le costó su primogenitura? ¡No! No pienso que Jacob tomase los términos de esta conversación con Dios a la ligera. Pienso que estaba escuchando atentamente, y considerando en su corazón cada palabra que Él le hablaba.

Dios en realidad estaba actuando como Su padre celestial. Le estaba dando la "bendición" que tanto él anheló de su padre natural. Dios le prometía multiplicarlo grandemente, y hacerlo un pueblo influyente. Dios se lo ofrecía desde ese momento en adelante, y ya vimos que Jacob no era perfecto en estos momentos y Dios lo sabía.

La Palabra de Dios, aún hoy día trae las mismas bendiciones para Su pueblo. *"...a Abraham fueron hechas las promesas, y a su simiente. No dice: Y a las simientes, como si hablase de muchos, sino como de uno: Y a tu simiente, la cual es Cristo"* (Gálatas 3:16). Nosotros al estar en Jesús somos parte de esa simiente de Abraham, y herederos de las promesas hechas a él y a su simiente que es Jesús. Lo único que desea Dios para usarnos en Su reino, es que estemos en Jesús, y que estemos dispuestos a obedecerle. No que seamos perfectos, sino que estemos dispuestos. Medite sobre su postura en Jesús y su compromiso con Él. ¿Está usted dispuesto a obedecerle? ¿Permitirá que Él le convierta en un instrumento en las manos de Dios para ser usado?

> *He aquí, yo estoy contigo, y te guardaré por dondequiera que fueres, y volveré a traerte a esta tierra; porque no te dejaré hasta que haya hecho lo que te he dicho.*
>
> Génesis 28:15

Si en algún momento Jacob necesitaba escuchar que Dios estaba con él era en estos momentos, donde su vida carecía de dirección, y sólo moraba confusión en su corazón hasta ese momento. Pero ahora Dios le hablaba en sueños. Dios, deseaba hacer pacto con Jacob a pesar de su miserable humanidad. Dios deseaba su compañía todos los días de la vida de Jacob. Dios le ofrecía una oportunidad de confiar en Él, y de llenar de esperanza su futuro.

Nadie mejor que Jesús sabe que el hombre es imperfecto. Sin embargo en el Nuevo Testamento Jesús nos habla de forma similar a la que Dios le hablara a Jacob siglos antes. Jesús nos dice, *"Porque donde están dos o tres congregados en mi nombre, allí estoy yo en medio de ellos"* (Mateo 18:20).

Tan pronto incluya a Jesús en su conversación, tan pronto Él tome parte de su hablar y andar, Él estará con usted, dejando sentir Su presencia. A veces nos gozamos porque Su presencia se siente. Otras veces puede que surjan situaciones incómodas cuando Su presencia se hace sentir, y en otras ocasiones quizás sintamos deseos de salir corriendo por la reacción que produce en nosotros Su presencia. Pero Jesús promete, que Su presencia se hará sentir. Nos promete que Él estará en medio nuestro. Si desea sentir la presencia de Jesús en su vida, háblele a otros de Él.

También Jesús nos prometió que ya sea que sintamos o no su presencia, nunca nos abandonaría, "*..enseñándoles que guarden todas las cosas que os he mandado; y he aquí yo estoy con vosotros todos los días, hasta el fin del mundo. Amén* (Mateo 28:20). ¡Qué maravilloso es saber que Jesús está con nosotros todos los días, hasta el fin del mundo! Este verso nos revela que cuando guardamos Su Palabra, ésta nos guardará. No importa el hecho de que no somos perfectos, pero sí importa que guardemos Su Palabra y que hagamos lo máximo que podamos para Él. Jesús llamó a personas como éstas, "familia suya": *"Mi madre y mis hermanos son los que oyen la palabra de Dios, y la hacen"* (Lucas 8:21).

> *Y despertó Jacob de su sueño, y dijo: Ciertamente Jehová está en este lugar, y yo no lo sabía. Y tuvo miedo, y dijo: ¡Cuán terrible es este lugar! No es otra cosa que casa de Dios, y puerta del cielo.*
>
> Génesis 28:16-17

Primero, Jacob estaba donde él no quería estar: en medio de un camino solitario. Jacob pensaba que su "suerte" lo había llevado hasta allí, ¿o sería acaso Dios el que le había llevado hasta allí? En ese lugar solitario, le había alcanzado la noche y se vio forzado a descansar. ¡En "ese lugar" tuvo que descansar! Jacob pensaba que estaba solo y abatido, alejado de todo consuelo y cuidado. ¡Qué errado estaba Jacob! porque Dios estaba con él.¡Dios estaba en ese lugar!

Hoy día encontramos cristianos en situaciones similares. Ya sean éstos recién convertidos, ya sean cristianos de tiempo, líderes de iglesias y aun ministros que se sienten como Jacob. Cansados, viviendo momentos áridos, duros, difíciles y solitarios. Momentos, donde tal parece que están solos, aun cuando se encuentran en medio de un grupo de personas. Sienten que están en el lugar equivocado, en el país equivocado, en el trabajo equivocado, en la iglesia o la ciudad equivocada, y por eso es que no sienten el "gozo" o tienen el "éxito" que desean. ¡Mucho cuidado! ¡No se mueva a la ligera! ¡No tome decisiones rápidas! No sea que Dios le haya llevado hasta el lugar donde se encuentra hoy. No sea que Dios esté allí esperando a que usted decida descansar y de esa forma Él pueda captar su atención para hablarle. Busque en oración a su alrededor. Busque en oración dentro de usted mismo. Preséntese en oración ante el Trono de la Gracia y busque de Dios esperando respuesta.

En ocasiones deseamos que las personas cambien, que el lugar cambie, que Dios obre diferente, cuando en realidad los que tenemos que cambiar somos nosotros. Nos podría sorprender el hecho de que sólo cuando nosotros cambiamos, es que Dios puede permitir que nuestras vidas cambien.

A veces, ¡qué difícil resulta obedecer a Dios, y permanecer donde Dios nos pone! Pero es mejor la obediencia con amor, que la obediencia a regañadientes. Es mejor la voluntad de Dios que la de uno mismo. Si decide serle obediente a Dios, hágalo con amor. No se convierta en una persona amargada, haciendo así miserable la vida de las personas a su alrededor. Cada día que pase en el lugar que Dios le tiene, mantenga una actitud saludable para cuidar de esta forma el poder escuchar la voz de Dios. Si Dios le puso a usted en ese lugar, es porque Él desea hablarle a usted en ese lugar. ¡Escúchele! Si Dios le puso en ese lugar es porque Dios desea bendecir ese lugar a través de usted. ¡Sea de bendición! ¡Actúe en bendición! ¡Ofrezca bendición! Déjese usar por Dios, en ese lugar en el cual Dios le ha colocado.

Hay adultos que actúan como niños y hasta le dan "rabietas" con Dios, cuando las cosas no resultan como ellos quieren. Los tiempos que vivimos demandan madurez del Cuerpo de Cristo, y no hay tiempo para actuar como niños. No hay tiempo que perder en tonterías. Quédese en el lugar donde Dios le puso, y sea bendición, hasta que Dios le muestre Su plan para su vida. Quédese quieto, hasta que usted sepa sin lugar a duda cuál es el próximo paso que debe dar. No sea que de manera sobrenatural y sorpresiva, ese lugar donde usted está ahora, se transforme en bendición grande para su vida. Puede que se dé cuenta que ese lugar no es otra cosa que "casa de Dios y puerta del cielo".

Y se levantó Jacob de mañana, y tomó la piedra que había puesto de cabecera, y la alzó por señal, y derramó aceite encima de ella. Y llamó el nombre de aquel lugar Betel, aunque Luz era el nombre de la ciudad primero.

Génesis 28:18-19

Qué curiosa reacción la de Jacob a su sueño. La piedra que le había servido de cabecera, la usó como señal de pacto para con Dios. Esa piedra dura, que encontrara en un lugar solitario, se convirtió en señal entre Dios y él.

Pienso que a veces debíamos buscar a nuestro alrededor, cuidadosamente, porque tal vez encontremos una piedra, un lugar duro y difícil donde no nos quedó otro remedio que descansar. Cuando la encontremos, puede que la unjamos como Jacob lo hiciera, y declaremos ese momento de nuestra vida un momento ungido, un momento donde se nos probó y pasamos la prueba. Puede que señalemos ese momento y hagamos voto con Dios una vez más. El voto de servirle sin condiciones de parte nuestra.

Jacob tuvo esta experiencia en una ciudad llamada Luz, aunque al llegar él allí de noche, no había luz. Todo estaba entre sombras. Pero luego de Jacob pasar la noche allí y en medio de las tinieblas tuvo una experiencia con Dios, Jacob le cambió el nombre a la ciudad y le llamó a ese lugar Betel que quiere decir "casa de Dios". Dios había abierto la puerta de los cielos, ese lugar maravilloso donde Él mora. Dios le mostró a Jacob el único camino. Ese camino superior que nos lleva a donde Dios habita, y desde la puerta de Su morada, le habló a Jacob.

Jesús también nos enseña que Él es la puerta, (Juan 10:9) y que el que entra por otro lugar es ladrón. Si usted se encuentra en un lugar incómodo en estos momentos de su vida, tenga mucho cuidado en desear salir de ese lugar de forma precipitada. No sea que salga por otro camino diferente al que debe seguir. El cristiano sólo debe moverse cuando Jesús lo ordena, y Él provee la forma digna del Evangelio de la Paz. La salida que Dios nos ofrece a los problemas, nos dejará en paz. Jesús es la puerta que todo cristiano debe tener delante de él, y por ella el cristiano debe entrar y salir y hallar pastos saludables. Si usamos esa puerta, Dios obrará a favor nuestro, a Su tiempo y a Su forma. Todo saldrá bien si sabemos esperar en el Señor y en medio de cualquier circunstancia; a pesar de nuestras imperfecciones, Dios puede usarnos.

> *E hizo Jacob voto, diciendo: Si fuere Dios conmigo, y me guardare en este viaje en que voy, y me diere pan para comer y vestido para vestir, y si volviere en paz a casa de mi padre, Jehová será mi Dios.*
>
> Génesis 28:20-21

Jacob aprovechó la oportunidad que Dios le ofreció, e hizo pacto con Él diciendo que si la Palabra que Dios le daba se cumplía, él le adoraría como Dios. Cuando continuamos leyendo los próximos capítulos encontramos que todo lo que Dios le prometió se cumplió. Jehová fue el Dios de Jacob. Dios a cambio estuvo con él todos los días de su vida, le guardó, le proveyó alimento, vestido y lo bendijo con paz. Jacob pudo regresar a casa de su padre antes de que éste muriese, y hacer la paz con su hermano Esaú. Dios le prosperó con esposas, hijos, siervos y abundancia de bienes.

Jacob fue cauteloso en su voto en este primer encuentro personal con Dios, y demostró una fe permeada aun del carácter del viejo hombre, el hombre que deseaba tener todo bajo su control. "Si haces esto... yo haré lo otro". Dios en su misericordia honró la fe, al principio pequeña, de Jacob y lo hizo un patriarca y ascendiente directo de Jesús. Pero Dios desea hombres y mujeres que se muevan con la fe de Abraham y no con la fe que Jacob demuestra en este primer encuentro con Dios. Dios desea hombres y mujeres que en medio de las vicisitudes, se mantengan firmes como los tres jóvenes hebreos frente al rey Nabucodonosor. Estos jóvenes le dijeron al rey que no adorarían su imagen a la hora señalada por los músicos de la ciudad, porque su Dios podía librarlos del castigo del rey, pero que si no les libraba Dios de ese castigo, aun así, sólo adorarían a Jehová. Dios honró la fe de estos jóvenes, y les libró milagrosamente (Daniel 3).

En los momentos difíciles es que se demuestra la fe. En los momentos difíciles cuando nos sostenemos en fe, agradamos a Dios. Cuando agradamos a Dios, Él obra a nuestro favor. Si quiere ver un cambio en su vida, si desea ser usado por Dios, camine en fe y agrade a Dios. Caminar en fe no es negar las circunstancias. Caminar en fe ocurre cuando a pesar de la mala situación que exista, puede confiar que Dios está a su lado y el camino que transita será puesto delante de usted por Él. Recordemos las palabras de Isaías 48:17 *"Así ha dicho Jehová, Redentor tuyo, el Santo de Israel: Yo soy Jehová Dios tuyo, que te enseña provechosamente, que te encamina por el camino que debes seguir"*. No olvidemos que Dios conoce mejor que nosotros mismos nuestro camino e intenciones, por lo tanto, con gozo busquemos obedecer y cumplir Su propósito en nosotros.

> *Y esta piedra que he puesto por señal será casa de Dios; y de todo lo que me dieres, el diezmo apartaré para ti.*
>
> Génesis 28:22

Jacob llegó al lugar desierto, solitario e incómodo. Pasó la noche en ese lugar y Dios le habló. Jacob tomó la decisión de decirle que sí a Dios, y permitir que Su voluntad se cumpliese en su propia vida. Jacob decidió cumplir el destino para lo que había sido creado y hacer de Jehová su Dios. Pero esto no bastaba, tenía que dar fe a otros de su nuevo estilo de vida. Tenía que dar testimonio de su nueva fe en Dios. Fe de que nada le sucedería en lo que Dios no pudiera ayudarle e intervenir y cambiarlo para su provecho. Fe de que Dios guiaría sus pasos, si él no se alejaba de Su presencia. Fe de que Dios le seguiría hablando y guiando todos los días de su vida.

Jacob puso la piedra como señal de que allí visitó la casa de Dios. Señal de que allí Dios abrió Su puerta y le habló desde su morada. Señal para otros, pero señal también para

Jacob. Cada vez que él tuviese que recordar que Dios le amaba, ese lugar estaría esperándolo para traerle a la memoria su relación con Dios y su juramento.

Jacob también prometió dar el diezmo de todo lo que él poseyese a Dios. Mucho antes de la ley, pero definitivamente no el primero en hacerlo. Otros hombres de Dios lo hicieron antes de que Jacob lo hiciera. ¿Por qué Dios hace énfasis en el diezmo, desde los comienzos de su trato con el hombre? Quizás por la inclinación tan fuerte que existe en el ser humano de sentirse que tiene todo bajo su control. Quizás sea por la necesidad de sentir que uno mismo provee todo lo que sea necesario para el sustento diario, sin recordar que todo proviene de Dios. Quizás por eso Dios nos pide el diez por ciento de todo lo nuestro, para así tenerlo a Él presente en todo.

Jacob lo hizo y Dios le bendijo. Jacob cumplió todo lo que se requiere de un pacto con Dios, y Dios le bendijo. Jacob no era perfecto, pero sí decidió ser obediente. Usted no necesita ser perfecto para ser usado por Dios, pero sí necesita ser obediente. Para seguir a Jesús, uno debe recogerse primero. Digo "recogerse", porque uno debe recoger su propia voluntad, su carácter, su seriedad, su compromiso, sus gustos, su genio, su inteligencia, su intelecto, su naturaleza y costumbres, y ponerlas todas a Sus pies. Todo nuestro ser a Su servicio. Hay quienes predican que en el Nuevo Testamento todo le pertenece a Dios. Pero la iglesia de Jesucristo debe al menos darle el diez por ciento de su todo al que le da todo, y así haremos proezas. Yo le reto a que comience dándole a Dios el diez porciento de su tiempo y su todo. Yo le reto a que viva una vida guiada por Dios, y que Su voluntad sea perfeccionada en usted. ¡No será el mismo!

CAPÍTULO DOS

ESQUELETOS EN EL ARMARIO

En muchos de nuestros países cuando una persona tiene un secreto en su pasado, decimos comúnmente que esa persona tiene guardado "esqueletos en el armario". Generalmente a esas personas la sociedad las trata con recelo, son marginadas y por muy talentosas que sean no llegan lejos en sus carreras. ¡El hombre no olvida con facilidad las faltas de otras personas!

También hay personas que después de haber tenido un fracaso en sus vidas, o haber cometido un error o pecado, piensan que ese acto ha marcado el fin para ellos, y que desde ese momento en adelante sólo tienen que "sobrevivir" hasta el día que la muerte toque a sus puertas.

Esta actitud acusadora, mezclada con falta de perdón de parte de personas sin misericordia para su prójimo la hallamos en los individuos que se encuentran alrededor de la persona desdichada. También existe la persona pesimista que se entrega a la derrota sin considerar siquiera una esperanza para su futuro y con mucha frecuencia encontramos que la misma persona que sufre de un pasado tenebroso o de un fracaso devastador, no se perdona a sí misma.

Estas personas con un secreto en su pasado, o un fracaso irreparable, desarrollan depresiones y actitudes negativas en cuanto a sus vidas. Sin darse cuenta desarrollan una baja auto estima, y mucha amargura. Se olvidan del amor de Dios, del sacrificio en la Cruz del Calvario, y de la Sangre de Jesús. La autoconmiseración, les ciega su entendimiento y les hace olvidar las Buenas Nuevas del Evangelio de Jesucristo.

¡Qué bueno que Dios no es así! Dios conoce todas las cosas y no está ajeno a los esqueletos que pudiéramos tener cada uno de nosotros en nuestro pasado. Dios no se queda atorado en nuestro pasado; Dios lo perdona porque Él está interesado en nuestro presente y desea usar nuestro futuro. Ninguna persona puede cambiar su pasado, pero tiene en su poder el tomar la decisión correcta en su presente, cerrando de una vez y para siempre la puerta de su "armario", diciéndole a Dios, *que está dispuesto a dejarse usar como Él quiera, y no como la persona misma tenga planeado, o quizás solamente de la forma como le gustaría que le usara.*

El hombre o mujer que conoce a Jesús, aunque sigue siendo llamado por su nombre, nunca es igual por el cambio sufrido cuando tiene un encuentro personal con el Maestro. La Biblia le llama a esta experiencia transformadora de la persona: "Nacer de Nuevo."

De modo que si alguno está en Cristo, nueva criatura es; las cosas viejas pasaron; he aquí todas son hechas nuevas.

2 Corintios 5:17

Jesús es el único que le propone al hombre empezar de nuevo su vida, sin necesidad de morir de forma natural. Este encuentro con Jesús sería la solución al anhelo de todo suicida que desea volver a comenzar pero quien encuentra un fin trágico en medio de su desesperación y no se acuerda de Dios.

En la Biblia encontramos personajes sobresalientes cuyo pasado antes de rendirse a Dios fue vergonzoso o completamente ajeno a Dios. En algunos casos, estos personajes, después de conocer a Dios y caminar en Su voluntad, fueron llevados por sus impulsos a cometer grandes pecados contra Dios y sus semejantes. No obstante en muchos casos, ellos supieron buscar arrepentimiento y Dios les perdonó y les siguió usando. ¿Por qué? Porque Dios sabe que no somos perfectos, pero aun así desea nuestra entrega total a Él. Dios anhela la comunión con el hombre. Dios nos ama y desea usarnos para Su gloria.

Examinemos a continuación algunos de estos personajes bíblicos y cómo después de faltar a los mandamientos de Dios o de actuar de forma dudosa en cuanto a ellos, Dios les llamó a arrepentimiento y les usó.

Usando como guía los Diez Mandamientos dados por Dios al hombre en el tiempo de Moisés, vamos a encontrar un ejemplo y un principio espiritual que nos animará a buscar de Dios siempre, sin importar nuestra circunstancia. Hagamos nuestras las palabras de exhortación en este capítulo, que nos equiparán para dejarnos usar por Dios.

Primero y segundo mandamiento

> *No tendrás dioses ajenos delante de mí. No te harás imagen, ni ninguna semejanza de lo que está arriba en el cielo, ni abajo en la tierra, ni en las aguas debajo de la tierra. No te inclinarás a ellas, ni las honrarás; porque yo soy Jehová tu Dios, fuerte, celoso, que visito la maldad de los padres sobre los hijos hasta la tercera y cuarta generación de los que me aborrecen, y hago misericordia a millares, a los que me aman y guardan mis mandamientos.*
>
> Éxodo 20:3-6

Naamán era un hombre que vivió en el siglo 9 A.C. Este fue un hombre de grandes virtudes, general del ejército de Siria, amigo y hombre de confianza del rey Benhadad II, a quien servía. Naamán tenía muchas cualidades a su favor que lo distinguían, pero tenía una cosa en su contra que opacaban todo lo positivo: Naamán no conocía al Dios de Israel. Un hombre de religión pagana, activo en ella, el cual en una de sus expediciones contra Israel, había traído a su casa una joven Israelita como esclava, para que sirviera a su esposa.

Este general era célebre por sus muchas victorias en guerras, y al inclinarse y ofrecer sus hazañas a los dioses sirios parecía que este acto era algo que le beneficiaba, tanto entre sus amigos, como con el mismo Rey. Todo parecía ir bien con Naamán, hasta que un día encontró una mancha en su cuerpo, y descubrió que tenía lepra. No había ni médico ni medicina en Siria que curara la lepra. Ninguno de sus dioses tenía el poder de curarla tampoco. Naamán, aún relativamente joven, con todos su logros, con su heroísmo en batallas, enfrentaba un final en su vida matizado de dolor y vergüenza.

Sin embargo, en medio de su aflicción, algo bueno ocurre: la joven israelita, sierva de su esposa, le dice que en su tierra había un profeta de Jehová su Dios, llamado Eliseo quien podía sanar a Naamán de la lepra, pero para acudir al profeta, tendría que ir humildemente y rogar de su favor.

Analicemos por unos momentos la situación de Naamán. Cae enfermo de lepra, una enfermedad mortal. La lepra es una larga enfermedad donde a medida que ella avanza, la piel se torna pálida recordando la muerte; la apariencia de la persona va cambiando a medida que la enfermedad continúa avanzando y comienza ésta a perder lentamente sus dedos, orejas, nariz. Podemos imaginar la humillación que trae al que la sufre, para al final morir solo, porque la persona tiene que aislarse por ser esta enfermedad extremadamente contagiosa.

Naamán estaba acostumbrado a recibir honores en su tierra, y en todos los países bajo el yugo sirio donde él se presentaba. Su posición le daba acceso a reyes, emperadores, a hombres y mujeres nobles y de gran poder, porque Siria disfrutaba de amplio poder en esos momentos de la historia. Ahora la vida le había jugado una mala pasada. Había caído enfermo de una enfermedad contagiosa, cuya sola mención traía temor y angustia a cualquier corazón. Nadie tenía la cura para tal enfermedad y tanto Naamán como todo el que le conocía pensaban que era una verdadera desgracia que esto le sucediese a un hombre con un futuro tan prometedor. Solamente una joven esclava de su casa, adoradora del Dios de Israel permaneció optimista frente a tan avasalladora noticia. Esta joven conocía de un profeta llamado Eliseo, quien era también adorador de Jehová, Dios de Israel, y que tenía el poder de curar toda enfermedad, aun la lepra.

Naamán, después de escuchar esto, acudió a su rey, y le pidió su opinión. El rey sin titubear lo envió a Israel con cartas para el rey Joram. Junto con la carta, envió costosos regalos y dinero. El rey de Siria, adoraba al dios Rimón, y envió a Naamán a Samaria, al rey de los israelitas, quien adoraba al Dios de Israel, a Jehová Dios de quien la joven esclava decía que tenía poder para sanar la lepra.

Veamos cómo fue el encuentro de Naamán con el rey Joram:

> *Tomó también cartas para el rey de Israel, que decían así: Cuando lleguen a ti estas cartas, sabe por ellas que yo envío a ti mi siervo Naamán, para que lo sanes de su lepra. Luego que el rey de Israel leyó las cartas, rasgó sus vestidos, y dijo: ¿Soy yo Dios, que mate y dé vida, para que éste envíe a mí a que sane un hombre de su lepra? Considerad ahora, y ved cómo busca ocasión contra mí.*
>
> 2 Reyes 5:6-7

¡Qué encuentro tan confuso! Naamán llega a Samaria con ilusiones de ser sanado, llega al líder principal de Israel, y éste en vez de llamar al profeta de Dios, se encoleriza y comienza a acusar a Naamán de ser parte de una intriga para atacar a Israel. En medio de esta crisis, alguien va con el informe de lo acontecido al profeta Eliseo. Este inmediatamente le envía un mensaje al rey, donde censura su comportamiento delante de los sirios e invita a Naamán a su casa para que sepa que hay profeta de Dios en Israel.

¿Cómo pudo el rey de Israel haberse olvidado de su Dios y del profeta de Dios? Quizás su vida licenciosa contribuyera a su mala memoria, y frente a la crisis su pecado le hiciera reaccionar con violencia e insensatez. Eliseo, el profeta de Dios, no tuvo la misma reacción. Él vivía en comunión con Dios, conocía que Dios era capaz de dar testimonio a otras naciones de Su poder.

Naamán fue a la casa del profeta Eliseo, pero el profeta no salió a recibirlo, ni le mandó a entrar. Eliseo no le dio el trato honroso al que Naamán estaba acostumbrado. En cambio, Eliseo mandó un mensaje con su sirviente diciendo:

Vé y lávate siete veces en el Jordán, y tu carne se te restaurará, y serás limpio.

2 Reyes 5:10b

La reacción de Naamán no fue positiva. La Biblia nos cuenta que se enojó, se sintió humillado delante de sus compañeros al no recibir el trato que esperaba. También, se sintió rechazado y quizás pensaría que fue por causa de la lepra que el profeta no quiso verlo. Cuando escuchó el remedio recetado por Eliseo, su cólera llegó al máximo, y despreció el río Jordán, comparándolo con los hermosos ríos de Damasco. Definitivamente en este viaje las cosas no le estaban yendo bien a Naamán; al menos no como él las tenía planeadas. Naamán tenía una decisión que tomar: o regresaba derrotado con la lepra a su país, o podía obedecer al profeta de Dios y quizás sanarse. Un hombre, acostumbrado a regresar a su país en victoria después de cada batalla, estaba corriendo el riesgo de volver a su casa en derrota después de lo que pudiera ser la batalla más importante de su vida, la batalla contra su propio orgullo.

Los criados de Naamán en un momento propicio, se le acercaron y razonaron con él y Naamán ganó la batalla. La historia nos cuenta que él accedió ante los argumentos de sus siervos, obedeció a Eliseo, descendió y se zambulló siete veces en el Jordán y fue completamente sano como lo hubo vaticinado el profeta.

Cuando Naamán vio esto, *hubo un cambio en su corazón,* reconoció que el único Dios verdadero era el Dios de Eliseo. Naamán quería tener trato con ese Dios, así que regresó donde el profeta, no sólo para dar las gracias, sino para conocer más de Jehová.

> *Y volvió al varón de Dios, él y toda su compañía, y se puso delante de él, y dijo: He aquí ahora conozco que no hay Dios en toda la tierra, sino en Israel.*
>
> 2 Reyes 5:15a

Naamán intentó ofrecerle regalos al profeta pero éste no los aceptó. Entonces Naamán pidió del profeta el llevarse toda la cantidad de tierra que dos vacas pudieran cargar. ¿Para qué? Pues para una vez de regreso, hacer con esa tierra un altar a Jehová donde presentarle sus sacrificios y tener un punto de contacto para su fe. También Naamán juró que jamás ofrecería sacrificio a ningún otro Dios, sino al Dios de Israel. Hubo una conversión genuina de parte de Naamán. Dios sanó a Naamán de la lepra, una enfermedad que se ve por fuera, pero también lo libró de la idolatría y el orgullo, que es un mayor mal.

Sólo quedaba consultar con el profeta algunos aspectos de su trabajo que le obligaban a entrar al templo del dios Rimón junto al rey de Siria. Lo que sucedía era que el rey Benhadad II, acostumbraba a apoyarse del brazo de Naamán para adorar a su dios, obligando con esta postura a Naamán a inclinarse junto con el rey. Hasta este momento, Naamán lo había hecho con vehemencia y adoración hacia ese dios, pero ya su corazón pertenecía por completo a Jehová, y necesitaba buscar una posición de integridad en cuanto a ese asunto. Así que durante esta consulta, Naamán le explica la situación a Eliseo y deja claramente expresado, que su corazón le pertenece a Jehová, mas pide perdón por verse obligado a someterse al rey. Aunque junto al rey, este general se viera obligado a inclinarse por causa de su trabajo, él en su interior estaba de pie, desafiante, porque su corazón se inclinaba solamente delante de Jehová. El profeta comprende y le despide en paz, dando a entender así que Dios le comprendía y perdonaba también, (2 Reyes 5:18-19).

Muchos cristianos hoy día en sus centros de trabajo se sienten mal. ¿Por qué? Pues, porque se ven rodeados de compañeros de trabajo que no saben hablar sin blasfemar, hacer bromas subidas de tono, roban, juegan, son infieles a sus cónyuges, etcétera. Si ellos fueran a dejarse llevar por lo que sienten en cuanto a estas cosas tendrían que renunciar a sus puestos; pero es sabido que los empleos no son fáciles de conseguir, hay que sostener la familia y hacer frente a las obligaciones adquiridas, estas circunstancias los obliga a tragar en seco, cerrar sus oídos, desviar su vista, y continuar en su trabajo. Hoy día hay muchos como Naamán que siguen en sus empleos, amando a Dios, orando, diciéndole al Espíritu Santo que les ayude, y que no les tome en cuenta tener que trabajar en un lugar semejante. Recordemos nuestras bendiciones y pidámosle a Dios que nos use.

Naamán tuvo un pasado lleno de victorias y de pecados, hasta el día en que cayó enfermo de muerte. Su futuro se acortaba delante de él y nadie le ofrecía solución, excepto una joven esclava israelita. Su salud regresaría a cambio de abandonar muchas cosas que eran parte de su vida y de la religión en la que había nacido. Cuando llegó el momento de decidir, Naamán decidió correctamente y Jehová no sólo se convirtió en su Dios, sino que le añadiría años de vida y cumplió Su propósito en él. Pienso que siendo un hombre de tanta influencia en el reino sirio, Dios lo usaría para favorecer al pueblo de Israel. Dios había infiltrado un "siervo" suyo, en un puesto clave del ejército enemigo de Israel. Después del rey, el más importante era Naamán. ¡Qué maravilloso es Dios! Sea cual fuere el propósito de Naamán dentro del plan de Dios, no nos cabe la menor duda que Su plan se cumplió al permitir que Dios obrara en su vida. ¡Desde ese momento en adelante Israel tuvo un amigo en el gobierno de Siria!

Tercer mandamiento

No tomarás el nombre de Jehová tu Dios en vano; porque no dará por inocente Jehová al que tomare su nombre en vano.

Éxodo 20:7

El juramento, según lo encontramos en la Biblia, por un lado ponía a Dios por testigo frente a una declaración o cuando hacían pacto dos personas o grupos de personas, (e.g. Génesis 21:23 es un ejemplo de juramento entre Abraham y Abimelec, Filisteo; Gálatas 1:20 es otro ejemplo, donde Pablo da testimonio de sí mismo, y pone a Dios por testigo de que lo que dice es cierto). Sabemos también que el violar el juramento no sólo traía graves consecuencias a las personas envueltas en el pacto o declaración; por otro lado por haber puesto a Dios por testigo si se violaba el pacto esto se convertía en una grave ofensa para Dios, (e.g. Lo encontramos en 2 Crónicas 36:13 donde vemos al rey Sedequías que después de hacer pacto con el rey Nabucodonosor poniendo a Dios por testigo, buscó ayuda de los egipcios y rompió el pacto que había jurado por Dios. Sedequías pereció. (Ver Ezequiel 17:12-19).

Había varias maneras de usar el juramento, que estaban aprobadas por Dios. Pero había una manera de invocar el nombre de Dios en vano o junto con maledicencia, profanando Su nombre con mentiras, perjurio, y otros malos usos, como lo vemos en este tercer mandamiento. Jesús prohibió el juramento obviamente cuando era mal usado y de forma rutinaria. (Mateo 5:33-37).

Los judíos conocían el buen y mal uso del juramento. Jesús también enseñó en cuanto al uso del juramento a sus discípulos y a sus seguidores.

Uno de sus discípulos, llamado Pedro había aprendido bien esto. Sin embargo, la noche que tomaron a Jesús preso, después de haber asegurado que él nunca se escandalizaría de su amistad, Pedro le negó. No solamente le negó tres veces, sino que a la tercera negación según el Evangelio de Marcos (14:71) Pedro comenzó a maldecir y a jurar (con perjurio, mintiendo) que no conocía a Jesús.

Hasta ese momento Pedro, había gozado de buena reputación entre sus compañeros y de gran estima ante los ojos de Jesús. Pertenecía al círculo más íntimo de discípulos que seguían a Jesús en casi todo momento. En algunas ocasiones fue el vocero de los doce y su liderazgo era aceptado por todos. Más en la cumbre de su "ministerio" sucede lo inesperado; ¿quién hubiera podido imaginar que Jesús sería encarcelado sin ofrecer resistencia? Pedro no comprendió, temió por su vida, y usó de su astucia para convencer a sus acusadores de que él no conocía a Jesús; trató por todos los medios de lucir convincente, inocente, y de presentar su defensa lo mejor posible (incluyendo el maldecir y jurar mintiendo).

Pedro rompió el tercer mandamiento. Delante de Dios, era merecedor de la muerte. Esta es la pena que conlleva el romper este mandamiento de acuerdo a un ejemplo citado en la Biblia:

> *En aquel tiempo el hijo de una mujer israelita, el cual era hijo de un egipcio, salió entre los hijos de Israel; y el hijo de la israelita y un hombre de Israel riñeron en el campamento, y el hijo de la mujer israelita blasfemó el Nombre, y maldijo; entonces lo llevaron a Moisés. Y su madre se llamaba*

Selomit, hija de Dibri, de la tribu de Dan. Y lo pusieron en la cárcel hasta que les fuese declarado por palabra de Jehová. Y Jehová habló a Moisés, diciendo: Saca al blasfemo fuera del campamento, y todos los que le oyeron pongan sus manos sobre la cabeza de él, y apedréelo toda la congregación. Y a los hijos de Israel hablarás, diciendo: Cualquiera que maldijere a su Dios, llevará su iniquidad. Y el que blasfemare el nombre de Jehová, ha de ser muerto; toda la congregación lo apedreará; así el extranjero como el natural, si blasfemare el Nombre, que muera.

Levítico 24:10-16

Sin embargo, no sucedió así con Pedro. Aunque vivía bajo el Antiguo Pacto, Dios tuvo misericordia de él, porque Jesús antes había orado por Pedro y en Su misericordia se cumplió lo que le profetizara, *"y tú, una vez vuelto, confirma a tus hermanos"* (Lucas 22:31-32). ¡Una vez vuelto de tu pecado por causa del arrepentimiento, ten misericordia de los demás como Dios la tuvo contigo, y confirma en la fe a todo el que te oyese!

¡Qué diferente es el Pedro que encontramos en Marcos 14, del que encontramos más tarde en el libro de los Hechos! En ambos pasajes encontramos un Pedro imperfecto, pero que deseaba complacer a Dios. Sabemos por los escritos del Nuevo Testamento, que el carácter de Pedro aunque atravesó por grandes cambios después de la resurrección de Jesús, estuvo lejos de ser perfecto. Hubieron áreas de su carácter que cambiaron lentamente, y sólo con el paso de los años mejoraron. Pedro, en Marcos 14, peca deliberadamente, jura y miente negando conocer a Jesús; mientras que en el Libro de los Hechos de los Apóstoles valientemente y delante de sus acusadores responde a sus amenazas dando en esta ocasión testimonio de que conocía a Jesús: *"Juzgad si es justo delante de Dios obedecer a vosotros antes que a Dios; porque no podemos dejar de decir lo que hemos visto y oído"* (Hechos 4:19-20). Dios cumplió su plan en la vida de Pedro cuando él o bien a regañadientes como en su juventud, o con valentía como en el libro de los Hechos, obedeció a Dios.

Pedro escribió dos epístolas desde Babilonia a las iglesias que estaban dispersas. Sus cartas están llenas de revelación de Dios en cuanto a doctrina, mandamientos y profecía sobre los últimos días. Son un verdadero tesoro del cristianismo. ¡Dios cumplió su propósito en Pedro!

Cuarto mandamiento

> *Acuérdate del día de reposo para santificarlo. Seis días trabajarás, y harás toda tu obra; mas el séptimo día es reposo para Jehová tu Dios; no hagas en él obra alguna, tú, ni tu hijo, ni tu hija, ni tu siervo, ni tu criada, ni tu bestia, ni tu extranjero que está dentro de tus puertas. Porque en seis días hizo Jehová los cielos y la tierra, el mar, y todas las cosas que en ellos hay, y reposó en el séptimo día; por tanto, Jehová bendijo el día de reposo y lo santificó.*
>
> Éxodo 20:8

Cuando hablamos del día de reposo, generalmente pensamos en el día sábado. El sábado ha sido observado en las Escrituras en diferentes días de la semana y en diferentes períodos de tiempo. Por ejemplo en la Biblia encontramos que el día de reposo fue señalado por Dios en una fiesta específica el primer día y el octavo día de una semana. En Levítico 23:39 encontramos a Jehová Dios dando instrucciones para las fiestas solemnes: *"Pero a los quince días del mes séptimo, cuando hayáis recogido el fruto de la tierra, haréis fiesta a Jehová por siete días; el primer día será de reposo, y el octavo día será también día de reposo"*. Además en Éxodo 20:8, se dice específicamente que se debe guardar como sabático el séptimo día de la semana, esto es el sábado. ¿Estará Dios confundido? ¡No!

Antes de llegar a una conclusión investiguemos todo el consejo de Dios en cuanto a este mandamiento.

El "sábado" en Éxodo 20:8 es un día para reposar de las obras, entregarse a la meditación y adoración a Dios, y reposar el cuerpo. La Biblia habla de varios tipos de reposo: El reposo que dura un día —Éxodo 16:23-30—, donde Dios suplía el maná al pueblo de Israel de tal forma que le proveía para los siete días en el transcurso de seis días. Otro tiempo de reposo que señala la Biblia es el séptimo año donde Dios ordena que no se trabaje la tierra, obligando al pueblo a prepararse para ese año de descanso —Levítico 25:4-7. Otro tiempo de reposo en la Biblia fue el profetizado por el profeta Jeremías y que duró 70 años —2 Crónicas 36:21. Finalmente Dios promete reposo eterno en Hebreos 4:9, para aquellos que le sirven con obediencia.

Después de ver todos estos ejemplos de reposo, llegamos a la conclusión que el día específico no es lo que se discute aquí, sino más bien lo que conlleva ese día; detener al hombre en su afán de trabajo para que dedique un día ordenadamente a Dios.

En el Antiguo Testamento esta observancia fue muy rígida y se guardaba por regla general en día sábado. Sin embargo en el Nuevo Testamento encontramos que la iglesia por regla general observó el domingo (primer día de la semana) como día de reposo, para dedicárselo en adoración a Dios. En el Nuevo Testamento encontramos a Jesús con sus discípulos camino a la sinagoga en un día de reposo. Nos cuenta la Escritura en Mateo 12:1-8 que sus discípulos estaban caminando por el campo en un día sábado y tuvieron hambre. De acuerdo a las leyes de humanidad dadas por Dios, podían tomar para comer del sembrado de un vecino, pero no recoger los frutos y llevárselos (Deuteronomio 23:24-25). Así lo hicieron los discípulos, mientras caminaban arrancaban de las espigas y comían solamente para saciar su hambre.

Como vemos en este pasaje, de inmediato los fariseos juzgaron que el arrancar esas espigas era trabajo que les alejaba de Dios, cosa que estaba muy lejos de la verdad, pues sólo estaban recogiendo lo que comían. Jesús al escuchar esto se indignó porque la intención de Dios para señalar el día sábado como día de reposo no era esclavizar al hombre, sino que el hombre hiciera el bien y diera gloria y adoración a Dios. De inmediato Jesús comenzó a enseñar que el sábado fue diseñado para el hombre y no el hombre para el sábado, dando como ejemplo que David comió del pan sagrado y Dios no se lo tomó a mal porque él y sus hombres tenían hambre y no tenían que comer. También les recordó cómo los sacerdotes en día sábado trabajaban más que en ningún día de la semana por causa de los numerosos sacrificios ordenados en la ley, y Dios no se los tomaba a mal por causa de la necesidad que tenía el pueblo de holocausto en el Antiguo Testamento, (ver Números 28:9-10).

Cuando Jesús llegó ese día a la sinagoga, volvió a romper el sábado de acuerdo a estos religiosos, porque sanó a un hombre que tenía una mano seca. Jesús "rompió" el sábado, sin embargo su vida fue completamente aprobada por Dios. Jesús no pecó ni hubo imperfección en Él. Sin embargo sus apóstoles, quienes tampoco guardaron el sábado sí estaban muy lejos de ser perfectos, mas por causa de su perseverancia en "correr con paciencia la carrera" contra todo obstáculo, crítica y persecución, tuvieron grandes victorias en sus vidas, y fueron aprobados por Dios.

¿Cuántas personas hay que no "llenan" la medida de perfección que exigen algunos religiosos y éstos tratan de catalogarlos entre los que no cumplen con la voluntad de Dios? Por ejemplo, conocí el caso de una señora con dos hijos que era muy activa en su iglesia. Ella era maestra de Escuela Dominical y cantaba en el coro. Un día, su esposo comenzó a comportarse en una forma extraña y dejó de asistir a la iglesia con ella. Esta dama aunque buscó ayuda no pudo lograr recibir ninguna porque su esposo se negaba a recibir consejería matrimonial, pastoral, o de cualquier otra persona. Él alegaba, que nadie debía inmiscuirse en su vida privada. Con el paso del tiempo, el esposo le presentó el divorcio a esta dama. Ella, devastada deseó volcar su vida en sus hijos y en su iglesia. ¡Pero cuál fue su sorpresa, cuando regresó a su pastor con la noticia! La reacción del pastor y de los líderes fue que la despojaron de todos sus cargos, y la sentaron en un rincón de la iglesia, simplemente por ser una mujer cuyo esposo le había presentado el divorcio.

Aunque éste es un tema controversial y existen varias opiniones en cuanto al divorcio, es importante recordar que el divorcio no es el pecado imperdonable; y mucho menos cuando formamos normas arbitrariamente y no examinamos cada caso por separado. Tenemos que cuidarnos de no "fabricar" una "medida nuestra" y echar a un lado la "medida de Dios".

Volviendo al tema del día de reposo, este no es otra cosa que el tiempo separado para Dios. Hay cristianos que trabajan el domingo en sus empleos, sin embargo el miércoles se lo dedican al Señor. No es lo perfecto, pero si ese día se lo dedican de corazón al Señor, para el Señor lo hacen y a Él le agrada. Pablo tuvo que lidiar con este mandamiento en la iglesia que estaba en Roma, capital del Imperio. Dice Pablo:

> *Uno hace diferencia entre día y día; otro juzga iguales todos los días. Cada uno esté plenamente convencido en su propia mente. El que hace caso del día, lo hace para el Señor; y el que no hace caso del día, para el Señor no lo hace ... Porque ninguno de nosotros vive para sí, y ninguno muere para sí ... De manera que cada uno de nosotros dará a Dios cuenta de sí.*
>
> Romanos 14:5-6a,7,12

En los ejemplos que examinamos de Jesús y sus discípulos, aunque la ley ordenaba guardar el sábado para Dios, los religiosos de la época enredándose en sus ritualismos habían olvidado el propósito del mandamiento. No olvidemos las palabras de Jesús en cuanto a la condición del corazón cuando nos separamos semanalmente para Dios:

Pues os digo que uno mayor que el templo está aquí. Y si supieseis qué significa: Misericordia quiero, y no sacrificio, no condenaríais a los inocentes; porque el Hijo del Hombre es Señor del día de reposo.

Mateo 12:6-8

Definitivamente debemos separar un día a la semana para Dios, sin dejar de vivir cada día de nuestra vida en Su presencia. Debemos tratar que ese día que separamos para Dios, preferiblemente sea el día domingo, según la guianza del Espíritu Santo en el Nuevo Testamento. El propósito del día de reposo dado por Dios, es para que éste descanse, busque de Dios, le adore, le bendiga, le reconozca activo en su vida. Pero no olvidemos que si se nos hace imposible separar el domingo por motivos de trabajo o de circunstancias que realmente están fuera de nuestro alcance, entonces podemos santificar otro día de la semana para Dios. ¡No es lo perfecto, pero no obstante Dios puede usarte de la misma forma!

Quinto mandamiento

Honra a tu padre y a tu madre para que tus días se alarguen en la tierra que Jehová tu Dios te da.

Éxodo 20:12

Jesús narra en Lucas 15, la parábola del hijo pródigo. La parábola habla de un padre que tiene dos hijos, un día el menor fue a su padre a pedirle su parte de la herencia para marcharse de la casa. Posiblemente esta decisión fuera resultado de una discusión, un disgusto y sucedió como sucede en el caso de algunos adolescentes, este joven dijo: "¡Dame lo mío que me voy!" Tomó varios días el juntar su fortuna, y luego de haberlo hecho se fue, dejando atrás a un padre dolido, deshonrado, y el joven con su actitud demostró que se estaba "divorciando" de la familia.

Jesús en su narración nos cuenta que este joven vivió perdidamente. En el original, las palabra que se usa es *asotai* que se traduce también como "exceso y violencia". Esto nos da una imagen del tipo de vida rebelde y sin límites que este joven experimentó, desobedeciendo las enseñanzas de su padre y deshonrándolo.

Este mandamiento de "honrar padre y madre" es el único mandamiento que va acompañado con una promesa de "bienestar y larga vida", (Efesios 6:1-3). Este joven al romper ese mandamiento perdió su bienestar y a mitad de la historia encontramos que estaba corriendo el riesgo de morirse de hambre. El hijo pródigo perdió todo lo que tenía y se sustentaba trabajando en la faena más indigna que pudiera desempeñar un judío; su trabajo consistía en cuidar y darle de comer a cerdos. Su pecado lo llevó a cuidar de animales que la ley judía catalogaba como inmundos. La ley judía enseñaba que ellos no podían tocar ni comer este animal, mas este joven judío, como consecuencia de su pecado había terminado cuidando cerdos y para comer tenía que robarle su comida a ellos. ¡Todo por la desobediencia a su padre!

Jesús nos da a entender en esta parábola que este estado de rebelión ciega y enloquece a la persona, dejándola sin buen razonamiento para tomar decisiones. Pero Jesús nos permite ver el "monólogo interno" en la mente de este joven en un momento de lucidez. Cuando tuvo que analizar y tomar la decisión de seguir siendo rebelde o reconciliarse con su padre pidiéndole perdón:

> *Y volviendo en sí, dijo: ¡Cuántos jornaleros en casa de mi padre tienen abundancia de pan, y yo aquí perezco de hambre! Me levantaré e iré a mi padre, y le diré: Padre, he pecado contra el cielo y contra ti. Ya no soy digno de ser llamado tu hijo; hazme como a uno de tus jornaleros.*
>
> Lucas 15:17-19

Aunque esta es una parábola, seguramente Jesús conocía casos similares sucedidos a personas con este mismo predicamento, porque la historia es muy común entre los hombres. Inclusive hoy día muchos podemos asociar esta parábola con alguien a quien conocemos. Jesús continúa diciendo que este joven recapacitó, se arrepintió y regresó a su padre. El padre lo recibió con regocijo y lo restauró como hijo. Este hijo, aprendió su lección, y posiblemente no hubo mejor hijo para él que este joven, desde ese momento.

Pienso que aun, cuando en el pasado, haya cometido faltas contra sus padres, si usted encuentra en su corazón lugar para arrepentimiento y le pide perdón a Dios y a la persona ofendida, Dios puede restaurar su vida. No hay pecado, ni falta, de la cual el hombre no pueda arrepentirse. Y no existe pecado ni falta que Dios no pueda perdonar. Una vez que entra el perdón a su vida, entra también junto con la sanidad espiritual, la sanidad física y emocional. Asegúrese que tiene paz con sus padres y permita que Dios le use. ¡Él tiene un propósito con usted!

Hay otro pasaje de la Escritura en relación a este tema que está muy cercano a mi corazón. La historia de un joven que deseaba honrar a Dios y a sus padres y no sabía cómo lograr honrar a ambos. La Biblia nos habla de un joven rico, prominente entre su pueblo, quien vino a Jesús y le preguntó: *Maestro bueno, ¿qué haré para heredar la vida eterna?* (Lucas 18:18). A continuación Jesús le comenzó a recitar los Diez Mandamientos, pero la Biblia nos comenta que este joven emocionado le interrumpe para informarle que él cumple todos esos mandamientos desde su juventud. El pasaje bíblico nos dice que escuchándolo Jesús le dijo: *Aún te falta una cosa: vende todo lo que tienes, y dalo a los pobres y tendrás tesoros en el cielo; y ven, sígueme"* (v.22).

¡Qué interesante pasaje! He aquí a un joven que a simple vista es un "buen hombre", prominente entre su pueblo, observador de la ley, buen hijo, buen ciudadano, buen amigo... y la lista podría ser mucho más extensa; sin embargo este hombre con tantas virtudes, siente la necesidad de buscar la certeza de la vida eterna, y por esta causa espera recibir de Jesús la respuesta a su inquietud.

Jesús al darse cuenta que cumplía con todo lo que sus padres terrenales le habían enseñado, le dio la prueba final de obediencia: ¿Sería capaz de obedecer el llamado de su Padre celestial? Jesús le pide que de sus posesiones a los pobres, para así soltarse de las ataduras de los negocios y le invita a trabajar en el Reino de Dios. ¡Qué privilegio! ¡Qué oportunidad! Jesús solamente le plantea una condición: rechazar todo lo que tiene, aun padre y madre para obedecer al Padre celestial. Para este joven, la prueba fue muy difícil. Sabemos que él era rico, y su riqueza seguramente provenía de una herencia. Sus padres habían trabajado mucho para darle ese legado social y económico a su hijo. Él no podía hacerle eso a sus padres. El momento llegó cuando tenía que escoger entre sus padres terrenales y el celestial, y este joven no pasó la prueba. El joven rico, queriendo honrar a sus padres naturales, no honró a su Padre celestial. Frente a la petición de Jesús, no supo cómo complacer a ambos. Dice la Escritura que el semblante del joven cambió de ilusión a tristeza porque no se sintió capaz de pagar el precio.

Unos versículos más adelante, Jesús dice una frase algo enigmática dentro del contexto en que fue pronunciada, y no expande su respuesta; cuando los que le oían le preguntaron *¿Quién, pues, podrá ser salvo?"* y Jesús les contesta: *"Lo que es imposible para los hombres, es posible para Dios"*. Sabemos que Jesús quería comunicar una verdad en esta frase, pero a muchos se nos escapa "toda" la profundidad de la misma. Yo personalmente siempre que leía este pasaje permanecía unos momentos leyendo esa frase una y otra vez, buscando ese algo que sentía que Jesús deseaba decirme pero que se escapaba a mi comprensión. Hasta que un día leyendo uno de tantos libros de historia de la iglesia tropecé con la opinión de algunos teólogos sobre este joven rico.

El joven rico de Lucas 18, que amaba a su familia, y amaba a Dios, pero no al punto de obedecer a Jesús a toda costa, se fue triste ese día a su casa. Este joven había sabido guardar el quinto mandamiento para con sus padres terrenales, pero ahora frente al llamado de su Padre celestial no era capaz de obedecer. Algunos teólogos son de la opinión que ese joven rico, siguió el ministerio de Jesús mezclado entre la multitud. Fue testigo de su muerte y resurrección, más adelante de la venida del Espíritu Santo el Día de Pentecostés. Ellos opinan que es muy probable que José, a quien los apóstoles le pusieron por sobrenombre Bernabé, era aquel joven rico del libro de Lucas, pero ya mayor (Hechos 4:36-37). Si esto es cierto, en el corazón del joven rico durante esos años hubo un gran cambio que sólo Dios pudo haber logrado. Entonces aquella frase enigmática de Jesús: *"Lo que es imposible para los hombres, es posible para Dios"* cobra un nuevo sentido.

En el Libro de los Hechos, Bernabé vendió parte de su heredad para dársela a los pobres. La Biblia nos da a entender que dio "todo" el precio de venta de esa propiedad en particular a la iglesia, y esto produjo una gran conmoción entre los creyentes. Fue tanto lo que bendijo este acto de Bernabé a la iglesia en esa época, que algunos avaros, pero con deseo de ser reconocidos como generosos sin serlo, trataron de imitar la generosidad de Bernabé. Me refiero a Ananías y Safira, que después de vender la propiedad, quisieron quedarse con parte del dinero, pero al mismo tiempo engañar a la iglesia y a los apóstoles, diciendo que estaban donando "todo" el precio de la venta.

El nombre Bernabé se interpreta Hijo de Consolación, demostrando con su apodo que era un hombre en extremo generoso para con los apóstoles y la iglesia cristiana. ¡Qué gran diferencia entre ese joven rico y el Bernabé, ya todo un hombre maduro! Si estos dos personajes fuesen la misma persona, entonces vemos que Dios no se detuvo en la imperfección de su juventud, en la decisión por su familia y el dinero, ni en los años que tardó en serle obediente. Dios miró al futuro, y no solamente vio a un Bernabé generoso, cuyo corazón había cambiado, sino que le vio también trayendo a Pablo ante los apóstoles cuando nadie creía que la conversión de Pablo había sido genuina. También Dios le vio predicando junto con Pablo y luego con Marcos el Evangelio de la vida eterna. Bernabé finalmente dijo que sí al llamado de su Padre celestial.

Esta historia nos demuestra que es mucho más fácil honrar y complacer a nuestros padres terrenales que al Padre celestial; sin embargo Dios ve los corazones. Jesús posiblemente vio el corazón del joven rico, y encontró que era un corazón que aunque en ese momento era desobediente al llamado de Dios, llegaría el momento en que sería totalmente de Él. ¡Dios cumplió su propósito en Bernabé!

CAPÍTULO TRES

EL PEOR PECADOR TIENE ESPERANZA EN DIOS

Por regla general los cristianos pensamos en los Diez Mandamientos como reglas dadas por Dios. Estos mandamientos, ayudan al hombre en su lucha contra el pecado que nos asedia de continuo. Sin embargo, hay personas que opinan que algunos mandamientos son más importantes que otros, o que algunos pecados que estos mandamientos señalan son peores que otros. Conocí a una persona que pensaba que la persona que juraba en vano, o que trabajaba los 7 días de la semana era mucho mejor persona que aquella que robaba, o que le era infiel a su cónyuge. Supongo que mirando este razonamiento desde el punto de vista humano, pueda justificarse con argumentos y razones que complazca a muchos; pero la realidad bíblica es que para Dios, el hombre que peque violando cualquiera de los Diez Mandamientos, tiene el mismo grado de culpabilidad delante de Él.

En Dios habita la perfecta justicia y la perfecta misericordia. Su justicia, demanda santidad en el hombre, Su misericordia, está dispuesta a perdonar y restaurar al alma arrepentida. Y esto es lo que sucedió con varios ejemplos que leeremos a continuación, a medida que seguimos examinando los otros mandamientos.

Sexto mandamiento

No matarás.

Éxodo 20:13

O como lee el original: *"No cometerás homicidio"*. En otras palabras, no planearás la muerte de una persona.

Cuando leo este pasaje no puedo dejar de pensar en Moisés. Estc hombre israelita, fue criado en la casa del Faraón, educado y preparado para heredar el reino como rey de Egipto. Moisés lo perdió todo precisamente por actuar con ambigüedad, como un heredero al trono de Egipto a la misma vez que como un israelita. Parece algo contradictorio, sin embargo es imposible pertenecer a dos grupos al mismo tiempo cuando éstos son enemigos. Moisés como heredero al trono de Egipto, tenía en su potestad la vida del pueblo, y podía hacer con ellos lo que quisiera, inclusive podía matar a sus súbditos. Sin embargo Moisés actuó como israelita porque defendió con ira el abuso contra otro israelita. Dice la Escritura, que Moisés intervino y mató al egipcio. ¡Tenía que hacerlo! este hombre no podía quedar vivo y decir que Moisés había defendido a un esclavo y atacado a un ciudadano de Egipto. Moisés cometió homicidio y cuando se corrió la voz y fue descubierto, huyó de Egipto.

Este Moisés, joven e impetuoso, estuvo cuarenta años exiliado en el desierto, antes que Dios se le apareciera en una zarza ardiendo y le hiciera el llamado para librar al pueblo de Israel de la esclavitud. Moisés había sido humillado, y hecho más dócil en su nueva vida de exiliado.

A veces nosotros como Moisés nos encontramos en situaciones difíciles y nos preocupamos por circunstancias contrarias sin saber por qué nos suceden. La próxima vez que le suceda algo que vaya en su contra, recuerde a Moisés y piense si quizás Dios desea traer humildad a su corazón. Dios lo hizo con Moisés. Nosotros sabemos que él no era perfecto, pero sin embargo para llegar a ser Faraón y de acuerdo a las tradiciones de la cultura egipcia, él era considerado perfecto por el pueblo, un ser divino, algo así como un dios o hijo de algún dios.

Moisés lo perdió todo al asesinar a un ciudadano egipcio. Ahora en el desierto y después de tantos años, quizás pensara que ya nadie se acordaba de él. Después de todo ahora era un hombre pobre, humillado, fracasado y cuarenta años más viejo. No había podido tener éxito en los negocios, cuidaba las ovejas de Jetro, su suegro. ¿Podría un hombre en tales condiciones ser usado por Dios?

Moisés se levantó una mañana, y como era su costumbre, se llevó las ovejas a buscar pastos. Su andar lo llevó a través del desierto hasta Horeb, el monte de Dios. La Biblia nos dice que estando Moisés allí, se le apareció el Ángel de Jehová sobre una llama de fuego que ardía en medio de una zarza. Ese día, Dios visitó a Moisés y le entregó una encomienda, *"libera a mi pueblo"*. Desde ese momento, Moisés pasó de ser empleado de su suegro, a ser siervo del Dios de Israel. La historia de Moisés todos la conocemos, y podemos leerla en detalles en el libro de Éxodo.

Moisés amó a Dios y vivió para Él, pero su carácter imperfecto e impetuoso, le provocó la primera vez perder el reino de Egipto, y la segunda vez el que no entrara a la tierra prometida. Moisés no era perfecto, pero Dios le amó por ser manso, y le habló "cara a cara". Sin ser Moisés perfecto, Dios le defendió en todas las ocasiones que el pueblo de Israel murmuró contra él. Moisés tenía un corazón dispuesto para Dios. ¡Y Dios cumplió su propósito en él!

Séptimo mandamiento

No cometerás adulterio.

Éxodo 20:14

Hacia el siglo 13 A.C. había en la ciudad de Jericó una mujer ramera que vivía en la muralla de la ciudad. La Biblia narra que Josué envió dos espías a esta ciudad y estos espías se refugiaron en la casa de "Rahab, la ramera". Alguien dio aviso al rey de Jericó y éste envió a decir a Rahab que entregase los espías. Ella le contestó mintiendo, diciendo que esos hombres se habían ido de su casa antes de que cayera la noche, y aquellos soldados que buscaban a los espías salieron a buscarlos fuera de Jericó, en dirección contraria. Rahab, había escondido a los espías israelitas en el terrado, y una vez salvos de los soldados, les hizo prometer que durante el ataque a Jericó, el ejército de Israel le perdonaría la vida a ella y a su familia. Los espías estuvieron de acuerdo y le dijeron que amarrara un cordón rojo a su ventana como señal del pacto. También le dijeron que una vez que Jericó fuese atacada nadie podría salir de la casa de Rahab pues sólo allí estarían a salvo. Y por último añadieron, que si ella rompía su juramento sobre este asunto, el pacto quedaba anulado. Rahab accedió a todas las condiciones, y luego bajó a los espías con una cuerda por las afueras del muro. Cuando Jericó cayó en manos de los israelitas, Josué mandó a buscar a Rahab y a su familia para que la llevaran al campo de los Israelitas. Allí estuvieron seguros mientras quemaban la ciudad de Jericó con todo lo que había en ella excepto la plata, el oro, y los utensilios de bronce y de hierro que fueron consagrados a Jehová y entraron en Sus tesoros. Rahab y sus descendientes se quedaron en Israel. (Josué 2:1-21; 6:3,17-25).

¿Cómo pudo ser esto posible? ¿Acaso los mandamientos de Jehová no prohibían la prostitución? Rahab era una ramera en Jericó, esa era su profesión. Ella había escuchado mucho sobre el pueblo de Israel y estaba informada sobre Jehová el Dios de ellos. Por esta razón ella insistió en que los espías juraran por Jehová, que la librarían de la muerte si les ayudaba a escapar con vida de Jericó (Josué 2:12). Rahab estaba muy lejos de ser perfecta, pero en medio de su vida de pecado, estaba escuchando sobre Jehová Dios y Su pueblo. Quizás en su momentos de soledad, ella pensaría.... "¡Si pudiera ser de ese pueblo, tener un Dios tan poderoso y pudiera comenzar de nuevo!" Rahab tuvo la oportunidad de comenzar de nuevo y la aprovechó bien. Protegió a los espías de Israel a cambio no tan sólo de librarla de la muerte, sino también a cambio de un nuevo comienzo en medio de un pueblo diferente, de costumbres diferentes, donde no conocía a nadie.

El Dios de Israel le proporcionó mucho más que su vida. La Biblia nos dice que ella y su descendencia se quedaron viviendo en Israel. Esto quiere decir, que ella cambió su forma de vida, se convirtió a Jehová, y se casó. Según la tradición judía, lo hizo con uno de los dos espías a quienes ella diera refugio, llamado Salmón. De esta unión nació Booz, quien se casó con Ruth y tuvieron a Obed, el abuelo paterno del rey David. El cambio del corazón de Rahab fue tan radical, que Dios la escogió como parte de la ascendencia natural de Su hijo, Jesús, el Mesías prometido (Mateo 1:5). Dios cumplió su propósito en Rahab, una vez que ella se arrepintió y dispuso su corazón para servir a Jehová.

Octavo mandamiento

No hurtarás.

Éxodo 20:25

Una de las cartas donde se refleja la gracia de Dios en la vida del creyente, es en la carta de Pablo a Filemón. Esta carta es la única carta privada de Pablo en archivo, y se cree que fue escrita cuando Pablo tenía entre 55 y 65 años de edad. Esta carta fue dirigida a Filemón y trata de un esclavo de éste, llamado Onésimo.

Onésimo se había fugado de su amo y la carta da a entender que, el esclavo le había robado dinero a su amo Filemón. En su huida, Onésimo llegó a Roma. En esta ciudad tan grande, él se podía sentir a salvo de la ley romana en cuanto a los esclavos, porque nadie le conocía, pero no podía esconderse de la voz de su conciencia. La conciencia es como la sombra durante el día que nos persigue a dondequiera que vamos. Así, cuando Onésimo llegó a Roma, se encontró a salvo de la ira de su amo, pero no de la maldad de la cual su conciencia le acusaba.

Onésimo había llegado a Roma con esperanza de perderse en sus concurridas calles. Allí, podría perderse entre la multitud, pero nunca lograría esconderse de sí mismo. Tenemos que creer que el encuentro entre Pablo y Onésimo fue preparado por Dios desde los cielos. Dios se complace en transformar las vidas de los hombres. Sabemos que Dios desea que los hombres vengan a arrepentimiento. La carta a Filemón nos cuenta que cuando Onésimo se encontró con Pablo en Roma, el Apóstol, le predicó el Evangelio de las Buenas Nuevas y de la misericordia de Dios. Onésimo, quizás cansado de tanto huir, o avergonzado por su pasado, o tal vez sintiendo en su alma un gran vacío que no podía llenar ni siquiera con la "libertad" que tanto anhelaba, aceptó a Jesús como su Salvador y nuevo amo. Después de esta experiencia que transformara su vida, Onésimo le relató su historia a Pablo, y le confesó su pecado.

Según la pluma de Pablo, Onésimo se convirtió en: *"mi hijo... a quien engendré en mis prisiones"* (v.10). Onésimo ya no daba valor a lo que antes diera valor. Ahora Onésimo vivía para Cristo y estaba dispuesto a soportar todo por serle fiel a ese amo celestial al cual vería un día cara a cara.

Sin embargo, Onésimo había robado, y su nueva fe censuraba fuertemente ese pecado. Él sentía el peso de su pecado y tenía que restaurar lo robado y hacer las paces. Al igual que cualquier hombre libre de su época que aceptara a Cristo, Onésimo había sido lavado en la sangre de Jesús y sus pecados al igual que los de Filemón, habían sido perdonados.

¿Cuál sería la sorpresa de Onésimo, cuando Pablo le dijera que él conocía a Filemón? Por la carta deducimos que Filemón también había conocido a Jesús a través del ministerio de Pablo, y simpatizaba grandemente con el Apóstol (v.8-9a). Sin embargo, Onésimo había huido de su amo y había robado, y su pecado tenía consecuencias según las leyes del imperio Romano. De acuerdo a lo estipulado por las leyes de Roma su delito podía costarle la vida. Onésimo tenía que hacerle frente a esta situación haciendo lo correcto. Onésimo tenía que enfrentarse a su amo.

El Evangelio enseña que la paga del pecado es la muerte eterna, pero también enseña que ya Jesús pagó esa deuda. Aparte de la deuda contra Dios, el Evangelio también enseña que el robo conlleva una deuda para con los hombres, la cual hay que pagar también. Sabiendo esto Pablo le hace tres peticiones a Filemón:

Primeramente le plantea su deseo de retener a Onésimo, pero entiende que no puede porque él no es propiedad suya, sino esclavo de Filemón. Así que le hace saber con amor y suavidad su petición e intercede por la vida y la libertad de Onésimo. Pablo hace esto sabiendo que la pena del esclavo fugitivo es la muerte.

En segundo término le recuerda que al esclavo recibir a Jesús como Señor, éste se convierte en su hermano espiritual. Por último le pide que lo reciba como si Onésimo fuese él (Pablo) mismo (v.10-17).

Además de esto, le dice a Filemón (v.18-20), que él le debe a Pablo la salvación de su alma, (ya que fue Pablo quien le predicó a Cristo), pero sin embargo recalca que él (Pablo) está dispuesto a pagar la deuda material de Onésimo.

Unos cincuenta años después de escrita esta carta, Ignacio, uno de los grandes mártires cristianos, es llevado para ser ejecutado desde su iglesia en Antioquía a Roma. Durante el viaje Ignacio escribe cartas a la iglesia de Asia Menor, copias de las cuales todavía existen. Se detiene en Esmirna, y desde allí escribe a la Iglesia de Éfeso. En el primer capítulo de su carta, habla mucho acerca de su maravilloso obispo. ¿Cuál es el nombre de este Obispo? ¡Onésimo! En la carta Ignacio hace el mismo juego de palabras que hubiera hecho Pablo años antes en su carta a Filemón: "Es Onésimo de nombre y por naturaleza, útil para Cristo". ¡Bien pudiera ser el mismo Onésimo! Un esclavo lleno de imperfecciones, ladrón, fugitivo, que encontró espacio en su corazón para arrepentirse de su maldad, y por la fe restaurar su alma y servir a Dios.

Noveno mandamiento

No hablarás contra tu prójimo falso testimonio

Éxodo 20:16

La murmuración contra el prójimo en el Antiguo Testamento era castigada dándole al murmurador el mal que este deseaba para la persona inocente: Deuteronomio 19:16-20.

En las Escrituras encontramos un caso conmovedor como el de María (algunas versiones traducen el nombre Miriam), la hermana de Moisés. El capítulo 12 de Números, comienza con una conversación entre María y Aarón, hermanos carnales de Moisés. Esta conversación aunque aparece atribuida solamente a ellos dos, es muy posible que fuera continuada entre amigos de confianza y éstos con otros, etcétera. Ellos murmuraban que Moisés no debía ser el único líder de Israel, sino que la opinión de ellos dos debería ser considerada más activamente, ya que Dios hablaba por boca de los tres. Al hablar de esta manera sobre Moisés, daban a entender que ellos tenían razón y que Moisés deseaba arbitrariamente imponer su autoridad sobre la de ellos. María y Aarón se sentían superiores a Moisés. De acuerdo a su razonamiento, aunque los tres eran profetas de Dios, añadían en contra de Moisés algo que presentaban con vehemencia como si fuese un gran pecado: que ninguno de ellos se había casado con cusíta (negra o de piel trigueña) mientras que Moisés sí. María y Aarón, en su prejuicio, hicieron de esto una señal de inferioridad o censura hacia él. Hoy día llamamos a este prejuicio, racismo, un pecado que va acompañado de odio y desprecio hacia el prójimo.

Dios escuchó la murmuración y como es de suponer su ira se encendió. Dios decidió hacer algo al respecto. Así que llamó a María, Aarón y Moisés al Tabernáculo de reunión. Allí habló con Aarón y María, como el padre a sus hijos, y comenzó a instruirlos y aclararles que su siervo Moisés (ese hombre que ellos encontraban tan lleno de defectos), era alguien especial para Él, y no era simplemente un profeta más. Dios defendió a Moisés, ya que Moisés por ser tan manso no se defendía. Leyendo el comienzo del discurso de Dios "Oíd ahora mis palabras..." notamos que Él era enfático en ellas y se podía sentir la ira en su voz provocada por el pecado de la murmuración.

Después de Dios haber hablado, se fue del lugar, pero no sin antes pasar juicio: Solamente María había quedado leprosa como la nieve. ¿Por qué sólo María? Posiblemente ella era la que había instigado todo el asunto. María tuvo que salir del campamento y sus hermanos, Moisés y Aarón intercedieron a Dios por ella, y a los siete días fue sanada y restaurada al pueblo. El pueblo la esperó con gozo, porque la amaba. Sus hermanos no le negaron su amor. Y aunque ella siguió siendo María la hermana de Moisés, no se le conoce que haya sobresalido en nada más a partir de ese momento.

Durante los siete días sufriendo de la lepra, María tuvo tiempo de arrepentirse de su maldad y recibió sanidad. Pero al igual que su hermano Moisés, por causa de sus palabras impetuosas no entró en la tierra prometida. Debemos aprender a evadir la tentación de la murmuración contra otra persona deseando su posición y el poder que ésta disfruta.

María murmuró y no solamente no alcanzó el poder, sino que perdió la influencia que tuvo hasta ese momento.

La murmuración es una forma de robar del carácter y la dignidad de otra persona. La Escritura asocia el chisme y la murmuración con un atentado contra la vida de la persona de la que se murmura:

> *No andarás chismeando entre tu pueblo. No atentarás contra la vida de tu prójimo. Yo Jehová.*
>
> Levítico 19:16

Cuando yo era pequeña mi mamá me enseñó enfáticamente en contra de la envidia y la murmuración a través de una anécdota verídica que sucediera en su pueblo natal y la cual siempre he guardado en mi corazón:

Se cuenta que en un pequeño pueblo, había una señora que murmuraba contra otra y hablaba mal de ella con mentiras elaboradas, levantado calumnia donde quiera que visitaba. Al pasar el tiempo, la señora se arrepintió de lo que había hecho, pero no sabiendo cómo enmendar su pecado fue a visitar a su guía espiritual en busca de ayuda. Este una vez que escuchó su confesión, le pidió que regresara a su casa, buscara una gallina y la trajera de regreso donde él, pero en el camino debía irla desplumando. Cuando la señora lo hizo y regresó a la iglesia, este hombre le pidió que regresara ahora por el mismo camino y recogiera cada una de las plumas que había tirado. Él deseaba que ella recogiese todas las plumas, sin dejar ni una de ellas por recoger en el camino. Ella nerviosa contestó: "lo siento, pero esto es imposible, porque algunas de las plumas deben haber volado ya con el viento, otras habrán sido llevadas en las ruedas de los autos a otros lugares, y los animales o los niños habrán tomados también algunas". Mirando fijamente a los ojos de la señora, el pastor le dijo: "Es cierto, tienes razón. De la misma forma ha sucedido con las palabras que has dicho, ya es muy tarde para que puedan ser recogidas".

La murmuración es un pecado que como la gangrena contamina todo a su alrededor. Y el remedio, al igual que la gangrena, debe ser el cortar el comentario de raíz. No continuarlo por muy agradable que se sienta o importante que se sienta la persona al hacerlo. Cuidemos nuestras palabras porque de ellas tendremos que dar cuentas a Jesús en el día del juicio. ¡Cambiemos nuestros corazones, para que el propósito de Dios se cumpla en nosotros!

Décimo mandamiento

No codiciarás la casa de tu prójimo, no codiciarás la mujer de tu prójimo, ni su siervo, ni su criada, ni su buey, ni su asno, ni cosa alguna de tu prójimo.

Éxodo 20:17

David era rey de Israel, y gozaba del favor de Dios. Él tenía todo lo que podía desear ya que Israel gozaba de prosperidad en el momento de nuestra historia. David y su ejército salían a la batalla, y año tras año vencían a sus enemigos, Dios estaba con ellos. Pero hubo un año, en el que David no quiso salir con su ejército a la batalla contra los amonitas, unos antiguos enemigos. David envió al general de su ejército y a todos los hombres de lucha, pero él se quedó. La historia continúa en 2 Samuel 11, y nos dice que una noche salió a pasear en el terrado de su casa y vio a una hermosa mujer que se estaba bañando, y la deseó. La mujer llamada Betsabé, estaba casada con un fiel soldado de David llamado Urías. David mandó a buscar a la mujer con sus mensajeros y durmió con ella.

¿Cómo pudo David hacer semejante cosa? Un rey que amaba a Dios, que le componía canciones y poemas a su Dios, que tenía relación con Él, ¿cómo pudo cometer adulterio? David pecó y cedió a la tentación porque hizo lo que comúnmente llamamos "bajar la guardia" con Dios.

Primero, no se suponía que el rey estuviese en Jerusalén en esa época del año. La verdad es que no se suponía que hubiese ningún hombre de guerra en la ciudad, porque Israel estaba librando una batalla contra los amonitas en la ciudad de Rabá. ¿Qué hacía David en Jerusalén? David estaba haciendo, lo que Dios no le había llamado a hacer. Estaba evadiendo su responsabilidad como rey de luchar junto a su ejército. Estaba disfrutando más de su prosperidad y bendición, que cumpliendo su propósito en el plan de Dios.

Segundo, una vez que supo que era una mujer casada, debió haberse arrepentido de su deseo y no codiciar la mujer de su siervo. Se olvidó del mandamiento de Jehová.

Betsabé concibió un hijo de David, y esto produjo otro mal pensamiento en David. Para David poder ocultar su pecado, tenía que asesinar a Urías. Pero, ¿cómo hacerlo sin que nadie sospechara? David elaboró un plan en el cual colocó a Urías en un lugar estratégico de la batalla, y dio órdenes para que lo abandonaran allí. Urías murió en esa batalla.

Un pecado conduce a otro pecado, como los eslabones de una cadena, o el rodar de una bola de nieve desde una altura. Comienza por algo pequeño, luego esto produce algo mayor, y finalmente algo aún mayor. Así va entrando en el mundo de Satanás el creyente entregando partes de su vida al enemigo de su alma. David adulteró, después cometió homicidio y dice la Biblia: *"Mas esto que David había hecho, fue desagradable ante los ojos de Jehová"* (v.27).

Así entonces, Jehová envió al profeta Natán, a David. En 2 Samuel 12 podemos leer cómo Dios pasó juicio sobre David. Después de Natán censurarlo por su pecado, inmediatamente David lo reconoce y se arrepiente (v.13). Por causa de su corazón dispuesto a arrepentirse Dios le perdona la vida a David, pero por las consecuencias que tuvo su pecado, la vida del hijo de David con Betsabé fue demandada por Dios. David, hizo ayuno y oración, pidiendo por la vida de su hijo a Jehová, pero no le fue concedido. Al séptimo día de la visita de Natán, el niño murió. Una vez que David supo que su hijo había muerto, se levantó de su ayuno, se lavó y se fue al templo a adorar a Dios (v.20).

David no se enojó con Dios, por el castigo que merecía su pecado. No se alejó de los caminos de su Señor, por tener que recibir la paga de su pecado. David fue responsable de sus hechos hasta el final, y aunque se arrepintió, reconoció que el pecado en muchas ocasiones tiene consecuencias que hay que sufrir aun después del arrepentimiento. Después de este incidente, Dios usó con poder a David. Pero este rey tenía un corazón dispuesto y rápido para arrepentirse, una vez que Dios lo confrontaba. David sabía que por causa del adulterio y del homicidio que cometió, si Dios no hubiera tenido de él misericordia, lo que merecía era la muerte. Pero Dios tuvo misericordia de él y ni le quitó la vida, ni le quitó el trono. Es por esta razón que dice el Libro de Romanos, en el capítulo 4:6-8,

> *Como también David habla de la bienaventuranza del hombre a quien Dios atribuye justicia sin obras, diciendo: Bienaventurados aquellos cuyas iniquidades son perdonadas, y cuyos pecados son cubiertos. Bienaventurado el varón a quien el Señor no inculpa de pecado.*

Siempre que encontremos a un cristiano caído, encontraremos junto a él, a un Dios lleno de misericordia esperando a que se arrepienta, para levantarlo y volverlo a usar en su reino.

La historia de David nos deja ver que jamás volvió a desear la mujer del prójimo. David vivió desde ese momento más atento a sus responsabilidades delante de Dios. David aprendió su lección.

Amado lector, hemos estado examinando ejemplos que se aplican a los diez mandamientos, casos de diferentes personas que por error o por pecado no fueron perfectos delante de Dios, sin embargo en sus corazones tenían el deseo de ser usados por Él. En cada uno de los casos llegó el momento de decidir ser obediente a Dios o no, a Su voz y a Su manera. Cada uno de los personajes mencionados decidieron obedecer y seguir a Dios. Con esto entendemos, que no hay pecado tan grande, ni situación tan vil que Dios no pueda perdonar, olvidar y la persona ser restaurada en comunión con Él. A cambio Él pide un corazón arrepentido y obediente a Su voz.

¡David permitió que el propósito de Dios se cumpliese en él!

CAPÍTULO CUATRO

CUANDO TODO ALREDEDOR TUYO SON MALAS NOTICIAS AUN DIOS PUEDE USARTE

Mirad, hermanos, vuestra vocación, que no sois muchos sabios según la carne, ni muchos poderosos, ni muchos nobles; sino que lo necio del mundo escogió Dios, para avergonzar a lo fuerte; y lo vil del mundo y lo menospreciado escogió Dios, y lo que no es, para deshacerse lo que es, a fin de que nadie se jacte en su presencia.

1 Corintios 1:26-29

Qué curiosa es la manera de Dios obrar. Dios no obra de la manera en que nosotros obramos. Si yo fuese a escoger a alguien para un trabajo, reviso bien sus calificaciones, sus recomendaciones y experiencias. No se me ocurriría colocar a una persona en una posición en forma arbitraria, menos aún si la tarea que deseo que esa persona desempeñe, resultare ser algo completamente ajeno y complicado para ella.

Pero Dios no obra de esa manera. Frecuentemente Dios obra contrario a nuestra lógica. De la misma manera, también

Jesús nos sorprende cuando escoge a los apóstoles. Todos ellos estarían descalificados si nos dejásemos llevar por sus méritos propios. ¿Cuál pudiera ser la experiencia o el conocimiento acerca de iglecrecimiento, de un grupo de pescadores del mar de Galilea, del primer siglo? ¿Cuál pudiera ser la preparación de un cobrador de impuestos del Imperio Romano de esa época? Por mucho conocimiento que tuviese el doctor Lucas, ¿qué relación podrían tener sus conocimientos de medicina con el establecimiento de una nueva iglesia, cuya meta era conquistar el mundo entero? La respuesta a todas estas preguntas es: ¡Ninguna!

¡Dios desea usar al hombre, porque Él lo desea usar! Cada uno de nosotros —y usted también amigo lector—, tiene un llamado de parte de Dios. Dios desea usarlo, allí donde Dios le ha colocado. En su comunidad, en su iglesia, en su trabajo, en medio de sus amigos, familiares, compañeros de oficio y conocidos. ¡No hay excusa! Si usted considera que posee un conocimiento mayor que el de un pescador del mar de Galilea, de primer siglo, usted es un candidato seguro para que Dios le use.

Es curioso notar en este momento, que los apóstoles escogidos por Jesús, establecieron una iglesia, que en el transcurso de los primeros 100 años de su existencia logró testificar de Jesucristo a todo el mundo conocido hasta ese entonces. Los apóstoles hicieron su labor con tanto celo que el Libro de los Hechos registra lo siguiente en el capítulo 17:6 *"...estos que trastornan el mundo entero también han venido acá"*. Sin embargo hoy con todos los adelantos modernos de comunicación, la iglesia de Jesucristo está luchando para intentar alcanzar a duras penas el mismo resultado. ¿Por qué sucede esto hoy en la iglesia? Porque hay muchos llamados cristianos pasivos, sin hacer nada en el Reino, ni para el Reino, ni tan siquiera hablar de Jesús. Estos cristianos justifican su inactividad con algún pretexto, y se quedan con los brazos cruzados. En ocasiones el pretexto que usan es, que si Dios les quiere usar, se los hará saber de forma sobrenatural y clara. Así, pasan toda una vida esperando ver una visión, o un rayo de luz del cielo y una voz audible que les dé órdenes específicas de qué hacer. Esto es además de una excusa, un grave error, y una táctica utilizada muy eficazmente por el diablo para paralizar el Cuerpo de Cristo.

¿Cuál fue el secreto de la iglesia primitiva para evangelizar el mundo que conocían en ese entonces, en tan sólo 100 años? El secreto fue algo tan sencillo que escapa a muchos: Todo creyente sentía el llamado supremo de hablarle a otra persona sobre Jesús. Usted tiene el llamado de hablar de Jesús a otros, no importa su situación geográfica, económica, física, emocional, etcétera. Dios espera que todo creyente hable de Jesús a toda persona que conozca. Pero antes de caminar ese camino, el creyente, tiene que reconocer que NO importa cuál sea su situación, él es importante para Dios, y Él desea usarlo en su Reino.

Considere por ejemplo el caso de Jefté. He aquí una persona despreciada por su propia familia y tribu. Él posiblemente sería la última persona en el mundo que escogeríamos para ser líder de la Escuela Dominical, de un comité, y mucho menos para ser líder militar del pueblo que lo despreció. Encontramos la historia de Jefté en Jueces 10. La tribu de Israel, durante el tiempo de los jueces fue inconstante en su fidelidad a Dios. Así que Dios usó hombres y mujeres para salvar a su pueblo de los enemigos que le asediaban cada vez que Israel se alejaba de Jehová. En el verso 6 de Jueces 10, encontramos la historia de Israel en la época de Jefté. Israel volvió a hacer lo malo ante los ojos de Jehová y volvió a servir a los dioses de sus enemigos. Así que cayeron en manos de los filisteos y los amonitas, y fueron grandemente oprimidos durante dieciocho años.

Es curioso ver cómo Israel teniendo acceso al Dios verdadero, se entregó a dioses ajenos, los dioses de sus enemigos. Pero no es difícil de explicar el porqué hacían esto con tanta frecuencia. Sucedía que esos pueblos tenían como parte del culto a sus dioses, fiestas impropias, bacanales, sacrificios humanos, y otras prácticas que eran prohibidas por la Ley de Moisés. Prácticas que Dios catalogaba como pecado. Israel deseaba vivir la vida de pecado de sus vecinos. Dios deseaba un pueblo santo, separado para Él. Los dioses paganos ofrecían la oportunidad al que los adoraba de pecar, y sentir que no eran realmente pecadores, sino que ese pecado era realmente una práctica con motivo religioso de adoración.

No pensemos dentro de nosotros mismos que eso es un salvajismo de la época antigua, que el hombre ha evolucionado y que esas cosas no pueden suceder hoy. La naturaleza del hombre es la misma, el hombre por naturaleza es malo, y esto no ha cambiado. No digamos que el hombre moderno ha adelantado y que cuando conoce a Dios, no puede alejarse de Él. Sin ir muy atrás en el tiempo, durante la Edad Media en Europa, tuvimos las Cruzadas y la Santa Inquisición, donde en nombre de Cristo se asesinó a muchas personas inocentes. En tiempos modernos el líder de una nación de primer orden, Adolfo Hitler, usando y distorsionando el "cristianismo" y usando esto con la ayuda de líderes religiosos de su época, ordenó la masacre de millones de personas en nombre de su ideal de purificar la raza humana. Y pudiéramos seguir citando ocasiones en la historia, donde se cometieron salvajismos y grandes injusticias contra esclavos, niños, mujeres, etcétera. A pesar de lo imperfecto del hombre, la Biblia definitivamente nos sorprende una y otra vez, al mostrarnos personas que siendo unos "don nadie", llegaron a ser héroes en las manos de Dios.

Como ya mencioné anteriormente, Jefté fue un hombre que desde su nacimiento, todo en la vida le fue mal. Jefté era un desechado de la sociedad. Su madre fue una ramera, y lo tuvo a él fuera del vínculo matrimonial. Así que Jefté fue un hijo "natural". Aunque Jefté se crió en casa de su padre, no tuvo mucho futuro allí. Él era mirado por todos como hijo ilegítimo. Más tarde la esposa de Galaad, (padre de Jefté), tuvo otros hijos, y cuando ellos crecieron, echaron de la casa y del pueblo a Jefté. ¡Pobre Jefté! qué solo tuvo que haberse sentido, ni tan siquiera su padre hizo algo para defenderlo. ¡Qué mala suerte la de Jefté! Siendo él el primogénito no pudo heredar a su padre, porque no era hijo legítimo. Teniendo padre, éste no le defendió ni estuvo de su parte cuando Jefté lo necesitó.

Jefté un hombre sufrido desde su niñez, abusado emocionalmente, maltratado, rechazado y despreciado por todos, se fue de su casa, huyendo de sus hermanos, y habitó en otra tierra. Jefté al igual que David en sus comienzos, se convirtió en cabecilla de hombres ociosos. Él y su banda llegaron a ser conocidos en la región. En esa condición, Jefté se comportó con valentía y seguro que demostró ser un hombre de carácter confiable, porque cuando Israel fue asediada por los hijos de Amón, los ancianos de Galaad trajeron a Jefté y su grupo del exilio. Los ancianos le pidieron a Jefté que fuera su líder, y le aseguraron que los hombres del pueblo estaban dispuestos a pelear bajo sus órdenes. Esto sorprendió a Jefté, quien le respondió: *"¿No me aborrecisteis vosotros, y me echasteis de la casa de mi padre? ¿Por qué pues, venís ahora a mí cuando estáis en aflicción?"* (verso 7).

No solamente estaba Jefté pidiendo una explicación y posiblemente una disculpa, sino que al él expresar verbalmente lo que sentía, se vio obligado a tomar una decisión en cuanto a sus sentimientos heridos. ¿Podría Jefté perdonar a todas las personas que tan profundamente le habían ofendido, para obedecer a lo que Dios le estaba diciendo que hiciese, por medio de los ancianos de Galaad? ¿Querría Dios usar a un hombre despreciado por su propia familia, por el pueblo y la sociedad? ¿Llamaría Dios a su servicio a un hombre exilado por su propio pueblo? Los mismos que le echaron años atrás, le llamaban ahora, rogándole que les ayudara. Sólo Dios es capaz de solucionar tantos conflictos.

Para ser usado por Dios, Jefté no tenía que ser perfecto, sin embargo tenía que perdonar a todo aquel que antes había sido su enemigo, y así lo hizo. Jefté no era perfecto, pero demostró sabiduría cuando garantizó su liderazgo en Israel, aun después de ganada la batalla contra los amonitas. Él hizo que los ancianos acordaran hacerlo su líder permanente y lo sellaron con juramento. Dios le dio el liderazgo del pueblo de Israel, y le dio victoria sobre sus enemigos. Jefté juzgó a Israel por seis años. Durante todo el tiempo de su liderazgo, Jefté demostró ser un hombre de corazón íntegro, y temor de Dios.

La Biblia narra la historia de este hombre, que demostró su integridad y amor a Dios. Jefté demostró ser un hombre de su palabra, y que cuando las cosas no salían como él deseaba, no echaba mano de una excusa, y negaba cumplir su palabra. Resultó que cuando Jefté se presentó delante de Jehová pidiendo la victoria sobre sus enemigos, él ofreció votos a Dios prometiendo que la primera persona que saliera de su casa a felicitarlo por la victoria, él la dedicaría a Jehová, para Su servicio. Efectivamente, Jefté salió victorioso de la batalla, y cuando estaba llegando de regresó a su casa, la primera persona que salió de su casa para felicitarlo fue su única hija. Él con gran dolor y lamento, cumplió su palabra. Jefté era un hombre que cumplía su palabra. Él honró su palabra, aunque fuera en contra suya.

También demostró ser un buen líder al no permitir que le faltaran el respeto a su liderazgo. Después de la batalla de Jefté contra los hijos de Amón, vinieron los hijos de Efraín (otra tribu de Israel) a reclamarle por no haberlos incluido en la batalla, y les dijeron que los galaaítas no eran otra cosa sino fugitivos, dando a entender así que Jefté y los que fueron con él habían ganado por casualidad y no porque fuesen buenos guerreros. Opinaban que si lo hubieran sido, aquellos de sus enemigos que hubiesen quedado con vida hubieran terminado siendo rehenes. Eso fue un insulto para Israel, y para Jefté, así que reunidos los de Israel pelearon contra los de Efraín y Jefté ganó. Dios usó a Jefté y le dio victoria y paz durante todo el tiempo que juzgó a Israel.

DIOS ES SOBERANO EN SU LLAMADO

Meditemos cuidadosamente en la Escritura al comienzo de este capítulo.

Primeramente leemos en 1 Corintios 1:26-29. *"Dios escogió lo necio de este mundo para avergonzar a los sabios"*. Según esta Escritura entendemos que todos los hombres alejados de Dios son necios. Pero también la Palabra de Dios dice en Santiago 1:5, *"si alguno de vosotros tiene falta de sabiduría, pídala a Dios, el cual da a todos abundantemente y sin reproche, y le será dada"*. Si sabe que Dios le ha llamado a hacer algo y siente que no está capacitado, que le falta conocimiento o sabiduría, pídale a Dios. El que le llama, le capacitará también.

Segundo observamos que el mismo verso continúa diciendo: *"Dios escogió lo débil del mundo para avergonzar a lo fuerte"*. A veces nos sentimos débiles frente a la tarea que Dios nos pone por delante. Nos parece que es algo muy grande y que no podremos hacerlo. Nos derrotan nuestros propios pensamientos antes de comenzar. Pero la Escritura dice en 1 Corintios 1:24, que *"Cristo es el poder de Dios"*. Si tiene a Jesús en su corazón, tiene el poder de Dios para hacer lo que Él le ha ordenado.

Tercero, encontramos que continúa la escritura diciendo: *"Dios escogió lo vil del mundo para avergonzar al exaltado"*. Vimos ya el ejemplo de Rahab la ramera, la cual después de entrar en conocimiento del Dios de Israel, cambió su manera de vivir, se casó y se encuentra entre los antepasados de Jesús. Fue de ramera a familia del Rey de reyes y Señor de señores. No importa lo bajo que hayamos caído, Dios es poderoso para levantarnos y hacernos sentar con Cristo Jesús en lugares celestiales. *"Porque por gracia sois salvos por medio de la fe; y esto no de vosotros, [no viene del hombre] pues es don [regalo] de Dios; no por obras, para que nadie se gloríe"*, sino por la fe en Jesús. El que nos llama nos equipa y no nos desampara, Romanos 10:13 *"porque todo aquel que invocare el nombre del Señor, será salvo"*.

Cuarto punto que nos señala esta escritura de 1 Corintios 1, es que *"Dios escogió lo menospreciado para avergonzar al noble"*. En una ocasión Dios usó a una mujer y a su tío llamado Mardoqueo para librar a Israel de una aniquilación casi total, en manos de un siniestro primer ministro llamado Amán, durante el reinado del rey Asuero. La historia ocurre alrededor de los años 485 a 465 A.C. y se puede leer en el libro de Ester. Lo importante que debemos reconocer en esta historia, es que Dios puede escoger lo que el hombre menosprecia, (como lo eran los judíos para muchos en aquella época) y los usa para Su gloria. Ester era judía y mujer, ella por razones de prejuicio y cultura de su época tenía estas dos cosas en su contra desde su nacimiento, sin embargo llegó a ser "primera dama" en la nación donde vivió, porque Dios así lo quiso. ¡Ester se dejó usar por Dios!

En quinto lugar, *"Dios escogió lo que no es, para deshacer lo que es"*. ¡Qué hermoso juego de palabras! *"Dios escogió lo que no es",* su falta de capacidad, su falta de valor, su debilidad y temores, *"para deshacer lo que es"*. Para deshacer la obra del enemigo en este mundo. Para deshacer, la falta del conocimiento de Dios en nuestra comunidad. Para deshacer, el pecado que nos asedia.

Si usted no se siente capacitado para hablar de Dios a otros, para llevar a cabo una labor en su iglesia, o en un ministerio, permítame decirle que eso es bueno. Si usted reconoce que no puede hacer el trabajo, entonces tal vez usted sea la persona que Dios pueda usar. Porque Dios es el que capacita. Sólo Dios puede escoger y capacitar a la persona que reconoce que necesita de Él. Porque, *"Dios escogió lo que no es, para deshacer lo que es"*. Dios que le llamó, le equipará, y nunca le abandonará.

Mi amigo, mi amiga, que lee estas líneas, recuerde, que no hay hombre ni mujer que pueda por sus obras, méritos o elocuencias, impresionar a Dios. Para Él, sin Cristo somos como trapos de inmundicia. Pero una vez que entramos en Jesús, adquirimos una posición delante del Padre celestial, nos convertimos en hijos suyos. Entonces Él, (que no cría vagos) nos llama a trabajar en "su negocio", nos llama a hablar a todo el que podamos de Su hijo Jesús. Y si añade otro llamado más en su caminar con Él, recuerde que debe hacerlo con obediencia, con alegría y sencillez de corazón, sabiendo que Él es la fuente de su sabiduría, su fortaleza, su triunfo, su provisión.

Mi hijo me sorprendió en una ocasión cuando me trajo del colegio que asiste una poesía en inglés que él compuso, en versos libres. En la traducción sé que pierde la hermosura de la rima, pero encuentro que para un muchacho joven, el significado que encierran sus palabras hablan directamente a la relación del corazón del hombre y Dios. Su mensaje traspasa la barrera del idioma. La incluyo para su meditación:

La vida

Por: Julio D. Fernández

Él te dio a ti vida, porque te ama
Tú le diste muerte a causa de tu corrupción
Mira cuán dispuesto cuelga Él de la cruz
de tu malvado corazón
Tú exigiste Su muerte sin tan siquiera conocerle
o saber quién Él era
Traicionado por Sus propios hijos
Tú también lo traicionaste
¡Oh hombre de corazón perverso!
¡Inmerecedor del premio al final de la carrera!
No le importó.
Él lo ofreció de todas formas
Tú le censuraste
No le llores por tu repentino cambio de corazón
Él te dio Su vida para que la tuvieses y la guardase
Pero tú la rechazaste
Ahora permaneces en muerte
¿Cuánto del corazón que tuviste
o del poco que te queda puedes por ti mismo cambiar
Sin embargo tú, que no le rechazas
Regocíjate y celebra con Él este día
Porque has aceptado la corona
aunque no podías llegar a la meta

Ahora, ¡Oh campeón merecedor
de un valioso premio,
puedes estar en el paraíso con Él
y vivir.

Que cuando Dios le llame a Su obra, ya sea por primera vez, o simplemente "una vez más", después de leer este libro usted pueda decir: "Sí Señor Jesús, deseo que me uses. Yo me rindo a ti en obediencia. Me arrepiento de mi pecado y mi maldad, dejando atrás los lamentos y confiando desde este momento en adelante en ti. Mi vida no será igual porque seré usado por Dios para Su gloria". Esa es mi oración y espero que sea la suya también. Dios le bendiga.